道德经大发现

翁君奕 / 著

上海财经大学出版社

图书在版编目(CIP)数据

道德经大发现/翁君奕著.—上海:上海财经大学出版社,2016.4
ISBN 978-7-5642-2392-2/F·2392

Ⅰ.①道… Ⅱ.①翁… Ⅲ.①道家 ②《道德经》-研究
Ⅳ.①B223.15

中国版本图书馆 CIP 数据核字(2016)第 049670 号

□ 责任编辑　何苏湘
□ 封面设计　杨雪婷

DAODEJING DAFAXIAN
道 德 经 大 发 现
翁君奕　著

上海财经大学出版社出版发行
(上海市武东路 321 号乙　邮编 200434)
网　　址:http://www.sufep.com
电子邮箱:webmaster@sufep.com
全国新华书店经销
上海出版印刷有限公司印刷装订
2016 年 4 月第 1 版　2016 年 4 月第 1 次印刷

890mm×1240mm　1/32　8.5 印张　261 千字
印数:0 001—3 000　定价:39.00 元

引 子

也许你是初出茅庐,即将或刚刚走出校门的社会新鲜人,正在幻想怎样给自己开辟出一条与众不同的职业生涯道路,甚至自主创业成功;

也许你在社会上已几经挫折,一直没有找到自己的恰当位置,正在为此感到焦虑或者埋怨老天对自己不公,犹豫着再努力一次还是就此放弃;

或者你已经是一个名利双收的事业成功者,正在为眼下盛景能持续多久而不安,有心尝试升级转型以适应新的挑战但又怕输不起,或者自己有决心却难以取得家人和事业伙伴的尽力支持而伤神;

尽管上述情景起点不同,但有几个问题是共同面对的,这就是:现实中是否还有事业发展的机遇,自己如何才能发现和抓住机遇,脱颖而出之后又将如何继续下去。

类似的问题也常常困扰着国家、企业等组织及其领导人。一个国家或企业,怎样摆脱贫穷积弱的厄运而崛起甚至跻身于世界强手之林,又怎样走出其兴也勃、其亡也忽的怪圈。虽然每个国家或企业所处境况不同,但基本问题却又是一样的。

碰到这样的难题时,市面上林林总总的书籍可以励志,但《道德经》还是值得一读。它可以为上述难题的解决提供指南,其中的理念和道理可以伴你一生,让你能够既从容淡定又充满活力地工作和生活。

听到这样的建议,你可能马上表示怀疑。

的确,以往众多大师或智者都说《道德经》思想消极且逻辑混乱,尤其不适合年轻人阅读。

这一次的不同,在于本书首次发现了隐含在《道德经》五千余字中的一条逻辑极其严密的线索,提供了一条依这条逻辑线索画出的路线图。沿着路线图来解读和品味,就可以环环相扣、酣畅淋漓地领略到如何实现逆境崛起直至历变不衰的一整套建言。

读完你可能仍然难以置信,老子怎么会在两千五百多年以前就把我们今天仍想不明白的问题看得那么透彻。这可以作为一个充满挑战的悬疑课题留给感兴趣的读者进一步探讨。这里重要的是,你是否读懂了并学会了运用。

目 录

001 引　子

001 第一篇　世界为何如此多变？
　　第一讲　道提供创造机遇/003
　　第二讲　道存在生命周期/017
　　第三讲　道更替生生不息/025
　　第四讲　德体现创造能效/031
　　第五讲　道与德影响世界/035

043 第二篇　人们应当如何选择？
　　第六讲　历变不衰之道/045
　　第七讲　永续创造之德/052

059 第三篇　如何思考历变不衰？
　　第八讲　辩证思维/061
　　第九讲　理性思维/075
　　第十讲　边际思维/079

089 第四篇　如何开展永续创造？
　　第十一讲　浑心/091
　　第十二讲　有道/110
　　第十三讲　善施/116
　　第十四讲　无败/125

第十五讲　知止/134

143　第五篇　如何能够善于创造？
　　第十六讲　创造者人格特质/145
　　第十七讲　创造者身心修养/152
　　第十八讲　创造性思考及其方法/163

177　第六篇　如何维系永续创造？
　　第十九讲　治理准则与任务/179
　　第二十讲　领导者职责/187
　　第二十一讲　领导者信念/192
　　第二十二讲　领导方式/199
　　第二十三讲　组织文化/209
　　第二十四讲　组织结构/218
　　第二十五讲　组织变革/228
　　第二十六讲　对外交往/238
　　第二十七讲　应战外敌/244

253　第七篇　面对逆境如何自处？
　　第二十八讲　则我者贵/255

259　后　记

第一篇 世界为何如此多变？

我们每天都在经历变化，甚至总结说唯一不变的就是变，但每天清晨太阳照样从东方升起，又感觉万变不离其宗。这其中的道理是什么？变与不变对我们究竟意味着什么？按照上面的线索，《道德经》区分了大自然守恒和变化的两种根本力量，指出生生不息的变化之道在源源不断地给我们提供着创造的机遇。

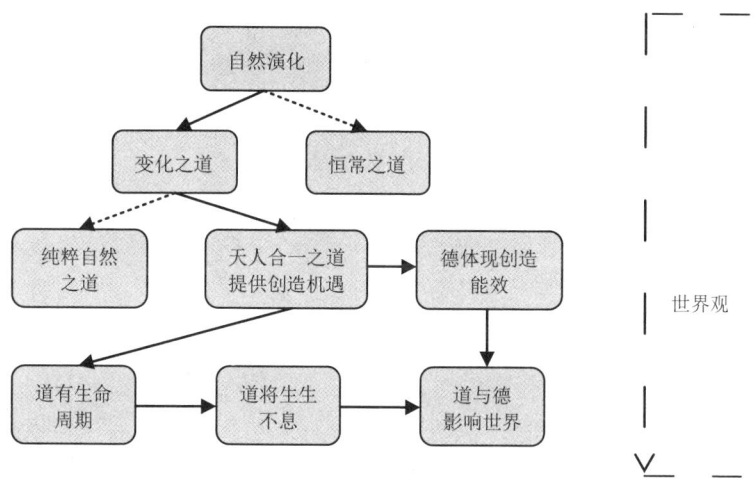

第一讲·道提供创造机遇

我们生活的这个世界为何会如此多变？回答这个问题要从道说起。

道是老子根据自己对大自然的整体认知而提出的概念，是整部《道德经》的第一块基石，所以对道的理解至关重要。由于老子没有给出一个精确的定义，所以自古至今，对道的解释众说纷纭、莫衷一是。

不过，把老子的上述文字和后人各执一词的大量诠释汇集起来，还是可以发现深入认识道的重要线索。例如，道有时"有"又有时"无"；道在一些人看来具有物质属性，而另一些人认为具有精神属性；道在一些地方指的是普遍的规律，而在另一些地方又涉及持续的变化；按老子的表述，道既是宇宙的本源又是万物的创造过程；等等。能否把这些看似矛盾但又确有存在必要的属性或特征都放在一个大的概念体系里让它们彼此相容？因为大自然既有守恒的一面，又有多变的一面，所以这应该是一个可以尝试的切入点。在这个角度下，《道德经》中相应段落的内容就开始显现出蛛丝马迹了。

- 其一，道有恒常之道和变化之道之分。

广义上，道泛指可以按一定方向到达某个地点的途径。

从上下文的意思看，《道德经》中的道可以区分出多种狭义的概念。我们先排除出现在"道可道"中的后一个"道"。它指可以言语表达而得到人们认可,没有实质意义,因而可以忽略。

第一种狭义概念,出现在"天之道"和"人之道"等多处地方。这时,"道"指的是恒常之道即规律。规律是事物之间的内在本质联系,这种联系不断重复出现,在一定条件下经常起作用,并且决定着事物必然朝着某种趋向发展。类似的,《道德经》中其他地方出现的"圣人之道""天道无亲"等也都是指恒常之道,具有规律的含义。

除此之外,道还有没有其他实质性的意思呢?

从作用的经常性及其意义来看,规律是掌握了之后可利用其重复性起指导作用的法则。从"独立而不改,周行而不殆"的特点看,规律是符合的。但规律不符合老子为他试图定义的"道"所提出的多个特征。一来规律重复可见,具备"有"却缺乏"无"。二来规律经常起作用,强调自我肯定,缺乏自我否定。从"道""大"了即形成影响力之后会消"逝"、"远"离以致背"反",可以发现老子试图定义的"道"实际上还具有非恒常的自我否定特征。"道可道,非常道"又进一步高度概括地指出,一旦能用语言清晰地描述就不再能持续地作用下去。而这些自我否定的特征是与规律的恒常性作用相冲突的。由此可知,规律并非《道德经》中重点论述的"道"。

所以,《道德经》中存在着第二种狭义的概念,即强调从无到有和自我否定的变化之道。这个道具有两个特征。

一个是具体担负孕生万物的重任。"有物混成,先天地生"说明这个要为之命名的"道"出现于天地万物之前,这样才"可以为天地母"。而"无,名天地之始;有,名万物之母"又指出天地万物的孕生必须经历一个从"无"的初始到"有"的成果的过程。每一个这样的过程意味着一个原本"无"的事物获得了新生即"有"。在这个意义上,这个道提供的是前所未有的新事物得以出生的机会。

另一个是拥有自我否定的机制。根据"大曰逝,逝曰远,

有物混成,先天地生。寂兮寥兮,独立而不改,周行而不殆,可以为天地母。吾不知其名,强字之曰道,强为之名曰大。大曰逝,逝曰远,远曰反。故道大,天大,地大,人亦大。域中有四大,而人居其一焉。人法地,地法天,天法道,道法自然。(《道德经》通行本二十五章,以下只标注原所在章次)

远曰反"和"道可道,非常道",到了事物变得强大成熟的阶段,"道"就开始启动自我否定机制,从而让事物经历一个由"无"到"有"再到"无"的完整过程。

据此,变化之道可以概括为客观世界前所未有但又会消逝而去的演化趋向及其势能。它在源源不断地带来新的机会的同时又会取消既有事物的存在条件。

那么,这种变化之道是否满足"周行而不殆"的要求呢?

变化之道会在从无到有中创造新生,又在自我否定中消逝而去。这个过程本身构成了有始有终而周期性运行的"周行"现象。那么这样的"周行"如何实现"不殆"即持续发生而不停歇呢?如果将诸多变化之道作为一个集合能够在变化中做到不断出新相互更替而维持客观世界演化的一定存在秩序,那它在整体上也就"周行而不殆"了。所以在变化之道的基础上适应更替和演变的需要,道在《道德经》中还有第三种意思,用以描述老子所设想的在变化中通向理想境界的长盛不衰路径,简称历变不衰之道。其具体内涵留待后面相应部分再加以说明。但现在可以明确的是,如果变化之道在不断地自我否定和更替中演化出一条历变不衰之道,也就实现了"周行而不殆"。

由于变化之道正是老子试图定义的基本概念且将在整个论著的体系中扮演基础性作用,下面如果不加以特别提及时,"道"都用以指变化之道。

道可道,非常道。名可名,非常名。无,名天地之始;有,名万物之母。故常无,欲以观其妙;常有,欲以观其徼。此两者,同出而异名,同谓之玄。玄之又玄,众妙之门。(一章)

- **其二,道是自然演化意志的忠实信使。**

如果道作为客观世界前所未有且会消逝的演化趋向及其势能,是否可以任由其形成和演化而不受制衡?老子的答案是否定的,因为他说,"人法地,地法天,天法道,道法自然"。

"法"在这里是遵从的意思。那么,道如何遵从"自然"?

假设一下,"自然"是道和规律彼此相互依存一起构成的自我存在世界。"自然"作为规律和道所构成的有机统一体将时时导演着自然界生生不息但又不会崩溃瓦解的演化,而其中携带生生不息变异信息的忠实信使就是道。

这个假设的合理性在于：一方面，规律是诸个不同的道所具有的共性，是对道的约束，它所涉及的各个道都要加以遵守服从。因此，道对自然的遵从实际上就是接受规律的制衡，这也就是为什么"万变不离其宗"的原因。另一方面，道是规律的个性表达，是对规律既有支配范围的突破和丰富。试想，如果"自然"中只有规律在起作用，这个世界就会变得明天只是今天的翻版，那该有多么乏味！因此，"自然"也需要依靠道去传达贯彻自己的演化意志信息。这正是导致"唯一不变的就是变"的缘由了。

这样，"道法自然"的意思就不仅限于遵从即守恒，而且需要扩展到"寂兮寥兮，独立而不改"地忠实执行"自然"的演化意志即变化。于是，这个世界变与不变的复杂成因就得到了解释。

- **其三，道又分纯粹自然之道和天人合一之道。**

纯粹自然之道是人类不能或未能主动参与其过程的道。刮风下雨、打雷闪电、动植物生长衰亡通常都是循着这样的道而发生的，它们的每一次生命过程或长或短且有始有终，下一次又会以不同的形式和载体重现。

以地震为例。地球内部在不断运动和变化中逐渐积累起来的巨大能量，会在地壳某些脆弱地带造成岩石突然发生破裂或者引发原有断层的错动，此即地震发生的规律。但在一个特定断裂带积累的能量会在什么位置和深度、什么时间以及以多少次和多大震级的震动来释放，是由很多其他自然力量组成的道来决定的。以至于每一次地震的震中位置、震级甚至余震的地点和次数等都不一样。对此，至少目前人类只能被动接受其后果，所以属于纯粹自然之道。

纯粹自然之道引发的地震、洪涝、大旱、飓风、瘟疫等剧烈冲击，以及人类自身每天都在进行着的生老病死，构成了我们所经历的一类重要变化。

天人合一之道则是那些由人类发现其前所未有的趋向并参与或促进了其势能释放过程的道。"故道大,天大,地大,人亦大。域中有四大,而人居其一焉",就是强调人是大自然演化的一个重要因素,人在遵从自然规律的同时也有发挥能动性的能力和必要。通过"常无,欲以观其妙;常有,欲以观其徼",人可以经常主动地发现道的奥秘所在,实现从"无"到"有"而将其势能发挥出来。

科技研发是天人合一之道的重要场合。

我国著名药学家屠呦呦于1969年接受抗疟疾药研究任务后,和她的课题组成员筛选了2 000余个中草药方并整理出了640种抗疟药方集。他们以鼠疟原虫为模型检测了200多种中草药方和380多个中草药提取物。在研究中他们发现青蒿提取物(一种菊科艾属植物,学名为 Artemisia annua L.)对鼠疟原虫的抑制率可达68%。但是后续的实验结果却显示,青蒿提取物对鼠疟原虫的抑制率只有12%～40%。对此屠教授先是认为,低抑制率可能是由于提取物中有效成分浓度过低的原因造成的。于是他们着手对提取方法进行改进但仍无进展。

通过翻阅古代文献,特别是东晋名医葛洪(公元283—343年)的著作《肘后备急方》中的"青蒿一握,以水二升渍,绞取汁,尽服之",她意识到常用煎熬和高温提取的方法可能破坏了青蒿的有效成分。改用乙醚低温提取后,他们如愿获得了抗疟效果更好的青蒿提取物并命名为青蒿素。由于所发现的青蒿素可以有效降低疟疾患者的死亡率,屠呦呦教授获得了2015年诺贝尔医学奖。

我们看到,青蒿提取物客观上存在高抑制率的成分,然而它不会自然呈现。此时只有依靠人的正确介入,找到不破坏其有效成分的提取方法。正是通过独辟蹊径的乙醚低温法,"天"然的客观存在和"人"的能动发现实现了合一,高有效成分的抗疟新药才会成为现实。

类似的例子很多。据《科学时报》报道,我国科研人员首次找到了降解农药残留的天然帮手。为了保证农作物产量，人类每年使用农药量已达到250万吨。农药残留对人类健康和果蔬贸易带来了严重的挑战。目前，控制农药残留量的办法大多局限在加强农药残留监测等方面的努力。研究人员发现，经油菜素内酯处理后，许多参与农药降解的基因表达和酶的活性都得到提高，在这些基因"指导"下合成的蛋白酶能把农药逐渐转化为水溶性物质或低毒无毒物质，有的则被直接排出体外。据此进行的实验，在喷洒农药之前，先给植物喷洒一次油菜素内酯，结果农药残留比未处理的降低了30%~70%。

在以上这个例子中可以看到，农民喷洒的农药被果蔬吸收后，不是一直残留在植物体内，而是被植物体内某些蛋白酶自身慢慢"消化"，逐渐转化为水溶性物质或低毒无毒物质，有的则被直接排出植物体外。但是这个过程比较慢，往往在果蔬采收食用时还有一部分农药未被"消化"掉，从而出现果蔬农药残留。循着这个自然过程呈现的规律，科研人员通过油菜素内酯促进农药在植物体内的降解和代谢的特性，发现了人工加快降解过程的道。

科技研发中的天人合一之道除了新颖性之外也具有消逝性的特点。当科研人员找到更有效或更简单的新方法或者现有方法失去了适用场景时，前面的发明就失去了继续应用的意义。

上面说的纯粹自然之道，随着科学的进步，有些也开始变成天人合一之道了。例如，在久旱的时节，在一定条件下人工降雨的实施可以解一解大地之渴。

市场更是天人合一之道大行其道的地方。

以中国的物流配货市场为例。据统计，2007年，中国的货运总量达226亿吨，其中，公路货运量就为163.94亿吨，占物流总量的72%以上。所以，公路货运的需求旺盛。但在公路货运的供给方，车主却犹如一盘散沙分散在各个角落。一项统计表明，全国700多万辆营运货车却只有300多万名车主,平均每个车主拥有约2.5辆货车。这让大量没有自备物流车队的中小货主头疼不已。通常他们是通过设在大型批发市场或者城乡接合部的物流中介寻找运费比较适宜的车主。但那些中介不仅提供的信息有限,而且还无法打消货主对自己的货物能否安全准时送达的疑虑。而及时找到货源对那些零散的车主也同样重要。特别是回程如果没有着落,空车驶回要自己承担过路费、汽油费,多等一天寻找货源又要增加一天的开销。另外,即使依靠那些中介找到了货源也存在担心货运到后对方能否按协定的价格及时付费的问题。

　　面对这样的供求缺口,不知多少人都只能摇头无奈而去。然而,就有有心人发现,互联网电子商务平台可以为此提供理想的解决方案。于是,通过在线提供货源和车主信息、信用记录和支付便利来撮合交易,以及展开后续跟踪服务的配货网络业务开始竞相推出。这样的电子商务平台,同时克服了货主与车主之间信息不对称和彼此缺乏信任的障碍,为降低货主和车主的交易成本和经营成本开拓了一条新道。由此可见,即使存在需求和供给的潜在客观条件,也需要人的首创精神和积极行动才能打开局面。这就是天人合一之道所在。

　　再看一例。雷军在创办小米手机之前,智能机是苹果、三星和诺基亚等跨国巨头的天下。但他经过深入调研发现,网络社区中存在着一批智能手机的发烧友,他们不满意那些跨国品牌新款手机推出的各种配置,同时也嫌这些手机价格偏贵。是否存在一个为发烧友生产顶配低价智能手机的商业机会呢?雷军设计了一个利用互联网的便利让发烧友参与到手机的研发和销售过程中的新途径。于是,小米手机在网络社区广泛听取发烧友提出的配置建议、联合上游品牌供应商展开相应的研发设计并不断吸取发烧友的试用修改意见,让新款手机通过网络预订发售实现按实际需求规模化定制而显著降低各个环节的成本,从而受到发烧友青睐而一炮走红。在这里,"天"是发烧友没有得到满足的顶配低价需求和无所不在的互联网社区交流平台等客观条件,"人"是能起到消费潮流意见领袖作用的发烧友和行业顶级专家组成的小米创业团队等能动性智慧资源。雷军通过将他们聚合在一起成功创立了一个国际知名的智能手机品牌。

所以,通俗地说,商机就是天人合一之道。而商机的新颖性和消逝性特点也同样突出。商机在被发现之初,相对于现存既有的产品或服务对此时此地的用户都具有某种程度的新颖性,能够让用户得到前所未有的满足。而随着新进入者的不断涌入,越来越多相似的产品和服务带来的竞争,以及更新的技术和更好的用户体验带来的替代,导致这个商机所能带来的盈利水平开始下降直至微利、保本甚至亏损,结果大家因商机消逝而放弃或退出。

- 其四,道为人们提供了发挥创造才能和奉献社会的途径和机会。

由于创造的内涵是提供前所未有的思想和事物,于是道作为前所未有的趋向和势能,其发现与开发本身就是一个典型的创造过程。所以天人合一之道的特点是,尽管潜力巨大但必须要有人的创造性介入才会变为现实。

正如"道,冲而用之或不盈。渊兮,似万物之宗;湛兮,似或存"所指出的,道可加以"冲"而发挥出来得到充分运用或者有所保留("不盈"也就是有所保留的原因留待后面相关部分解释),万物由之而生且似乎仍有诸多的道还有待发现和开发利用。在"冲而用之或不盈"的发现和开发过程中,人的创造性扮演着关键的角色。

道给人们带来创造的机遇,对于人类社会有何意义呢?

在"天之道,损有余而补不足。人之道则不然,损不足以奉有余。孰能有余以奉天下,唯有道者"这段话里,老子比较了自然界的规律、人世间的生存法则和道的作用方向,强调道可以给社会带来福祉。

"天之道,损有余而补不足"用今天的语言是说,自然界的规律是抑制过度开发和促进闲置资源利用以保持生态平衡。

道,冲而用之或不盈。渊兮,似万物之宗;湛兮,似或存。吾不知谁之子,象帝之先。(四章)

天之道,损有余而补不足。人之道,则不然,损不足以奉有余。孰能有余以奉天下?唯有道者。是以圣人为而不恃,功成而不处,其不欲见贤。(七十七章)

的确,大自然具有某种自我平衡机制。例如,闪电引燃山火烧毁了森林。先是排放出的温室气体以及大地吸收二氧化碳能力的下降导致了地球表面温度的升高,接着气温的升高和雨量的增加会促使高纬度地区的森林加快生长从而增加碳吸收的能力,从而抑制气温升高直至使其恢复到原来状态。可见,这个促使森林加快生长的机制就是减少空气中过多的碳来做到"损有余",以补充植物吸收不足的碳而进行"补不足"的自然规律表现形式。

"人之道则不然,损不足以奉有余"指出人世间的生存法则是大鱼吃小鱼式的弱肉强食或者赢家通吃。让富者愈富、穷者愈穷,这也正是圣经里所谓的"马太效应"。

在古代,杜甫的"朱门酒肉臭,路有冻死骨"鲜明地描绘了富贵人家奢侈享乐、酒肉飘香的同时穷人却啼饥号寒、抛尸荒野的社会两极分化现象。在现代市场经济中,虽然从工业革命初期英国的圈地运动到后来以美国大公司为代表的兼并和集中打着追求规模经济的旗号,但也没有完全摆脱"损不足以奉有余"的"人之道"。那些总想着做大,争抢对手市场份额,并为后来者设置更高进入门槛的企业扩张行为,往往都是受了这条法则的影响。这种强化规模的行为结果,对具有影响力的在位者无疑有益。但从整个社会来看,根据福利经济学的原理,总福利则会随之产生损失。

试想一下,如果一个社会仅有弱肉强食、赢家通吃法则在起作用,每个人都是在想怎么争抢到别人手中的饼,尽力让自己占有的份额变得更大,那么,这个社会怎么会有创新、进步和发展?其结果一定是贫富对立、停滞不前甚至纷争战乱的可悲局面。

怎样建立起一个补偿抵消机制来打破弱肉强食、赢家通吃法则的单一地位,让自己的成长不会对他人或社会整体造成"损不足"的不利影响,让社会进入和谐发展的轨道呢?

老子提出"有余以奉天下"作为判定准则,也就是要把努力的方向转到让社会财富得到净的增加。通俗地说,就是要更多地想方设法把饼做大而不是去争抢别人手中的饼以便让自己占有的份额更大。显然,社会财富中这个被做大的增量部分,就是创造所带来的社会福利的净增加。

那么,谁能做到"有余以奉天下"呢?

老子说只有那些掌握了道的人即"有道者"。这些"有道者"如果能持续为之,做到"为而不恃,功成而不处,其不欲见贤",就堪称"圣人"。也就是说,这些掌握了道的人致力于不断创造而不恃才傲物,取得创造性成就也不就此停留,更不愿意被尊为圣贤自觉高人一等。所以,他们是持续、连环的创造者。

由此可见,道作为前所未有但会消逝而去的演化趋向和势能,给人们提供通过创造而奉献社会的途径和机遇。但不是任何人都可以胜任这项工作,只有那些掌握了道的创造者才能把天人合一之道提供的创造性可能变成现实。

此外,"有道者"所掌握的道也进一步凸显了老子对规律与道进行区分的意义。假如这两者没有差别的话,那么"有道者"也只能按"天之道"去"损有余补不足"或者按"人之道"去"损不足以奉有余",从而做不到"有余以奉天下"了。

- **其五,道和规律的区分可以化解围绕道的概念纷争。**

有了对道的广义和狭义区分,把不同侧面的属性和特征赋予不同的狭义概念,就比较容易形成内在一致的概念体系。

在存在论方面,规律与道的属性有所不同。规律是不以人的意志为转移的客观存在,所以不会处于"无"的状态。而道不仅能通过"冲而用之"即发挥作用变得"有",而且更重要的在于它的初始是"无"以及它的消逝也是"无"。

在认识论方面,强调物质决定意识的是唯物主义观点,而主张精神是世界本原的是唯心主义观点。从老子"有物混成,先天地生"的观点看,他至少是从朴素的唯物主义出发的。天地都是在作为"物"的道之后而形成的,那么作为天地产物的人所具有的意识当然也是这个物质世界的反映。但另一方面,由于天人合一之道是需要人的积极参与才能变成现实的前所未有的发展趋向,高度依赖那些有道者对道的独到观察和领悟,因而比既成的规律更加需要注重精神或意识在物质世界变化中的决定性作用。在这个意义上,创造性精神或创新意识又是促进客观世界演化的关键因素。所以,老子的天人合一之道在认识论上,不仅承认意识是物质的反映,而且强调精神或意识在物质世界发展演化中的能动作用。

在时间维度上,规律作为事物之间内在的本质联系,会不断重复出现,在一定条件下经常起作用,所以具有重复性;而对每个具体的道来说,不仅以前从"无"此道,而且到了可以言说明白的时候就"逝"而"远"去,下一次"反"回来再出现的又是新的道,所以具有一次性或者不断推陈出新的特点。当然,规律也不是永恒不变的。放到一个更久远的时间长河里,如果规律存在的条件消失,规律也就不起作用了。在广义上,规律也是变化之道了。现实中,区分它们的相对意义在于让我们了解当前哪些是未来关切期内不变的客观属性,哪些则是未来关切期内可变的客观趋势。

在客观作用上,规律和道的属性也有所不同。老子认为道"先天地生""可以为天下母",因此是宇宙万物演化的本源。对于天人合一之道来说,它给"有道者"即创造者提供了致力于创造以实现"有余以奉天下"的机遇,因而是万物创造过程的实际驱动者。至于规律是否也同时是万物的本源,如果放到以上广义角度上,答案就变得肯定了。

综上所述,《道德经》中道的基本含义是天人合一的变化之道。作为前所未有且会消逝而去的事物发展趋向和势能,道为人类社会提供了创造的方向和空间。

附:本讲对应的《道德经》原文及其译文

1.1 可以为天地母

【原文】

有物混成,先天地生。

寂兮寥兮，独立而不改，周行而不殆，可以为天地母。
吾不知其名，强字之曰道，强为之名曰大。
大曰逝，逝曰远，远曰反。
故道大，天大，地大，人亦大。
域中有四大，而人居其一焉。
人法地，地法天，天法道，道法自然。
（通行本二十五章，以下只标注原所在章次）

【译文】

有一事物，它浑然一体，先于天地而生存。

寂静无形中，它保持独立而生生不息，可以说是天地的母亲。

我不知它叫什么，勉强为其命名为道，道的特征简而言之就是影响力巨大。

巨大也会消逝，消逝即远离，远离意味着又有道携着巨大的影响力重现。

道与天、地、人一样，都具有巨大的影响力。

宇宙中有四大影响力，人居其中之一。

不过，人遵从地，地遵从天，天遵从道，道遵从自然。

1.2　道可道非常道

【原文】

道可道，非常道。
名可名，非常名。
无，名天地之始；
有，名万物之母。
故常无，欲以观其妙；
常有，欲以观其徼。
此两者，同出而异名，同谓之玄。
玄之又玄，众妙之门。
（一章）

【译文】

如果到了能说得清楚的程度，道就将不能继续起作用了。

同样地,当一个概念的内涵外延都变得清晰之时,就意味着需要去尝试命名新的现象了。

无,描述的是天地的混沌初始;

有,记录的是万物的涌现过程和结果。

所以,经常以无的超脱,去观察其奥妙;

经常以有的想象,去观察其轮廓。

无和有,本源同一而称谓不同,都很玄妙。

玄上加玄,共同构成蕴藏无穷奥妙宝库的大门。

1.3　冲而用之或不盈

【原文】

道,冲而用之或不盈。

渊兮,似万物之宗;

湛兮,似或存。

吾不知谁之子,象帝之先。

(四章)

【译文】

道,可以得到释放而加以充分利用或者有所剩余。

它深远得像万物之根本;

清澈得似无却又有。

我不知道它是怎么来的,但看来在帝王出现之前就已经存在了。

1.4　有余以奉天下

【原文】

天之道,损有余而补不足。

人之道,则不然,损不足以奉有余。

孰能有余以奉天下?唯有道者。

是以圣人为而不恃,功成而不处,其不欲见贤。

(七十七章)

【译文】

大自然的规律是折损有余者而补偿不足者。

人世间的法则则不然,它剥夺不足者以供奉给有余者。

谁能为社会奉献新增财富？只有那些掌握道在何方并把它变成现实的有道者才能做到。

而且，那些不把所创财富据为己有、不因有功而占位索取、更不愿充当不可挑战的权威的有道者就更了不起了，他们堪称圣人。

·第二讲·
道存在生命周期

既然道能为我们提供创造的机遇,于是很可能马上就会想到两个问题。一个是,这些机遇在哪里?接下来的另一个通常会是,这些机遇能否来了就不走?这一讲先讨论后一个问题,而前一个问题留给下一讲。

道作为前所未有的变化趋向和势能如果永无完结,那么这个世界就由规律所主宰,大自然演化信息将无从传递,变化将受到排斥,变化之道也就不存在了。这好比每个人都服了长生不老之药一样,最终会让新生儿在整个地球上找不到立足之地。因此,大自然不仅需要一个"天下万物生于有,有生于无"的无中生有的过程,也需要一个"复归于无物"而从有到无的消逝过程。所以,每个道都会消逝而去,从而形成一个从无到有再由繁荣而衰亡的生命周期。

道是否真的存在生命周期?

道的认知特性就是惚恍或模糊不清。老子说:"视之不见,名曰夷;听之不闻,名曰希;搏之不得,名曰微;此三者不可致诘,故混而为一:其上不皦,其下不昧;绳绳兮不可名,复归于无物。是谓无状之状,无物之象。是谓惚恍。"可以想见,这种模糊不清给了解和把握道及其生命周期的努力带来了极大困难。

不过,虽然"道之为物,唯恍唯惚",常常看不见、听不到和

天下万物生于有,有生于无。(四十章)

视之不见,名曰夷;听之不闻,名曰希;搏之不得,名曰微;此三者不可致诘,故混而为一:其上不皦,其下不昧;绳绳兮不可名,复归于无物。是谓无状之状,无物之象。是谓惚恍。迎之不见其首,随之不见其后。执古之道,以御今之有。能知古始,是谓道纪。(十四章)

摸不着,但是通过一定的方法是可以掌握道的生命周期规律的。一方面,道在惚恍中还是显现了一些依稀可辨的真实信息。"惚兮恍兮,其中有象;恍兮惚兮,其中有物。窈兮冥兮,其中有精;其精甚真,其中有信"中的"象""物""精"都属于"信"的来源。另一方面,通过回溯观测以往道的演化历史可以读取到这些真实信息。在"自古及今,其名不去,以阅众甫。吾何以知众甫之然哉?以此"中,"甫"的本意是指老年男子,从而"众甫"在这里被用来泛指那些发育成熟的事物。正因为这些获得过完整生命过程的事物留下了清晰的完整信息,所以说万物的生长更新过程记录着可供人们观察的道的演化史,而老子就是通过这样的经验性观察方法来归纳道的生命周期规律的。"执古之道,以御今之有。能知古始,是谓道纪"也属于类似的方法,从而让道的生命周期规律对驾驭当今存在的道有所帮助。其中"执古之道,以御今之有"是说,以对以往道的演变更替的了解,可以让人们看待现实生活有一份冷静,切不要沉溺在那些正大行其道的盛景中,因为它终有"无可奈何花落去"的那一天。

道的生命周期具有什么样的阶段性特征?

整理老子的讲述,道的生命周期大体上分为五个阶段。第一阶段是道生成但未被人发现的阶段。在这个阶段,道处于"无状之状,无物之象"的状态。第二阶段是人类开始探索道所指方向的阶段。道在这个阶段的特点是"迎之不见其首",其状态对探索者是"不曒"也就是模糊不清的。第三阶段是人类全面开发道的势能的阶段。道的方向和轮廓在此时已经变得"不昧"而让人能够看得足够清楚,从而实现"冲而用之或不盈"。第四阶段是道的势能开始衰减的阶段。进入这个阶段后道开始"为道日损"的衰减过程。第五阶段是道因势能枯竭而终结的阶段。那些追随者和坚守者最终会发现"随之不见其后",道在这个瞬间消逝而"复归于无物"。根据这样的划分,可以画出生命周期曲线(如图一)。

在整个生命周期的五个阶段中,前三个阶段促成了"有生

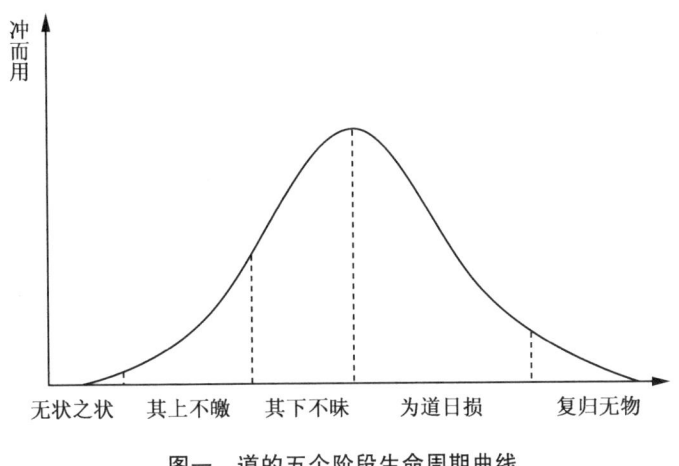

图一 道的五个阶段生命周期曲线

于无"的创造成果实现,后两个阶段则承载着由有归无的消逝过程。

事实上,老子对道的生命周期五个阶段的上述描述与现代科学研究关于人口增长、生态系统演化、技术扩散与市场渗透等现象的生命周期阶段性划分不谋而合。

认识道的生命周期有何意义?

● **其一,重视对处于模糊不清早期阶段的道展开探索。**

通常由于道"迎之不见其首"的"惚恍"特性,人们不愿相信道的存在,宁愿等道变得"不昧"之后再采取相应行动。然而,天人合一之道需要人的参与才会从"无状"变为"不皦"直至"不昧"。如果每个人都等到看得十分清楚才行动,那么把道提供的机遇化为现实就变成"或存"的无源之水了。所以,只有积极克服"惚恍"带来的困难,及早发现"无状"中的"状"和"无物"中的"象"加以培育,才能抓住道所带来的创造性机遇。掌握了恰当的方法,是可以做到"执古之道,以御今之有"的。

● 其二，给予创造和创新以不同的任务定位。

创造（Creation）是指发现或发明前所未有的事物。它与创新（Innovation）不同的是，后者表现为生产要素的重新组合，其内涵较宽泛且更注重结果。创新可以是取得重大突破的颠覆性创新，也包括逐步改进的渐进性创新；既可以是前所未有的原始性创新，也可以是在自己的组织内复制别人经验的模仿性创新。因为渐进性创新对社会财富净增量的贡献有限，模仿性创新则仅涉及社会财富分配的改变，所以从创造可以带来原始性创新和颠覆性创新等效果的特点看，创造是创新活动的源头。

与道在生命周期不同阶段的特点联系起来，创造是实现由第二阶段跨越到第三阶段的不可或缺的推手，渐进性创新和模仿性创新在这里不起作用，因而不能以宽泛的创新来代替创造；在第三阶段及以后，全面发掘道提供的势能则可依靠各种类型的创新配合来加以实现。

● 其三，在道的势能开始衰减后需要弃旧以图新。

随着第三阶段的开发利用，道的势能开始进入"随之不见其后"的趋向，这也是老子形容说"为学日益，为道日损"的衰减趋势。与学习知识后进行复习巩固可以加深理解不同，一味强化一个道的开发则会让从中获得的回报不断衰减。从道的势能开发的整个创造过程看，由具有颠覆性的原始性创新带动的一系列渐进性创新和包括模仿创新在内的扩散应用，最终会将道所提供的势能耗竭。道的生命从而完结。因此在道的生命周期后期，与其加倍努力只能带来不断减弱的效果不如加以舍弃以开展对新的道的探索和开发。

为此，老子提出"损之又损，以至于无为。无为而无不为"的弃旧图新思想。

这里需要说明的是，"为"在《道德经》里有多种具体含义，一般应根据上下文的意思结合道所处的生命周期不同阶段来理解。

比如，在道的生命周期的第二阶段和第三阶段，"为"指开拓性的创造行为和颠覆性的创新行为，而在第四阶段和第五阶段特别是第五阶段，"为"又特指巩固既有成就和利益的守成努力。

在"无为而无不为"这句话里，"无为"的含义是在道的生命周期的末期应中止原本的努力或者说舍弃，或者"为"（创造创新）过之后不应再"为"，这个时候再"为"就是守成的行为了。所以，"无为"就是不守成或者弃旧。"无不为"中的"为"指的是在道的生命周期第二阶段所进行的开拓或创造。"无不为"可以有两种理解。一是，因为"惚恍"中尚无明确的开发对象，所以"无不为"就是去探索尝试任何新的东西以图新。二是，由于能够弃旧，所以总是能够及时进入新事物的创造过程，于是"无不为"表现为一系列的探索活动。综合起来，"无为而无不为"的意思就是弃旧而图新。

至此可知，传统中被认为主张消极逃避的"无为"一定不能按字面意思理解为"无所作为"或"顺势而为"。"无为"是要懂得适时舍弃某个道的生命周期延续，目的是做出自我否定而转入新的道的孕育，因而是一种最为积极进取的人生态度。

- **其四，有助于更好地理解道与规律的差别。**

从生命周期角度来观察道和规律，有助于更好地对它们加以区分。

从生命周期的起点来看，道有比较明确的起始，所以相对以往具有变异性或新颖性；而规律则无明确的起始，它强调的是在特定条件下相对以往的重复性、一致性或适用性。

从生命周期的终点来看，道也有明确的终结机制，所以其生命周期具有有限性；而规律则无明确的终结机制。虽说不存在永恒的规律，但由于规律的作用一般很久远，人们很少关心它从什么时候起将不再起作用，所以其生命周期具有持续性或恒常性。

从生命周期的各阶段来看，道有"无状之状"的潜存、"其上不曒"的萌发、"其下不昧"的成熟、"为道日损"的末尾、"复归无物"的结局等阶段性特征；而规律则是经常起作用的事物内在联系，强调自始至终保持稳定的一致性。

附：本讲对应的《道德经》原文及其译文

2.1 有生于无
【原文】
天下万物生于有，有生于无。
（四十章）
【译文】
天下万物由有而来，有又产生于无。

2.2 唯恍唯惚
【原文】
道之为物，唯恍唯惚。
惚兮恍兮，其中有象；
恍兮惚兮，其中有物。
窈兮冥兮，其中有精；
其精甚真，其中有信。
自古及今，其名不去，以阅众甫。
吾何以知众甫之然哉？以此。
（二十一章）
【译文】
道孕育物的过程恍惚不清。
恍恍惚惚中现出影子，形成了物体。
昏暗遥远处留着真实的精华，传递着信息。
自古至今，这个过程都在进行，由此我们可观察到万物的生长。
我如何知道万物生长的由来？就是这样。

2.3 上昧下皦

【原文】

视之不见,名曰夷;

听之不闻,名曰希;

搏之不得,名曰微;

此三者不可致诘,故混而为一:

其上不皦,其下不昧;

绳绳兮不可名,复归于无物。

是谓无状之状,无物之象。

是谓惚恍。

迎之不见其首,随之不见其后。

执古之道,以御今之有。

能知古始,是谓道纪。

(十四章)

【译文】

看而不能发现是因为平坦;

听而不能察觉是因为稀疏;

抓而不能得到是因为微小;

单单从视觉、听觉或触觉上都无法明了,故混合成整体特征:

开头模糊,末尾清楚;

还没等取得正式命名就开始在延绵不断的变化中消逝。

可以说是无形之状,看不到实物却又存在。

这就是所谓惚恍。

对面碰到看不见它的开端,跟随下去又不见了它的后续。

了解道以往更替的历史可以帮助驾驭道的当今存在。

能够知晓以往,有助于理出道的头绪。

2.4 为道日损

【原文】

为学日益,为道日损。

损之又损,以至于无为。

无为而无不为。

（四十八章）

【译文】

复习知识可以深化理解，巩固道则会让道的势能不断减弱。

随着势能减弱到一定程度，就需要中止努力。

中止原本的努力才有选择任何新的道的机会和条件。

第三讲·道更替生生不息

道的生命周期有限,对那些已取得成功的人士、企业和国家提出了展开新一轮创造的必要性。同时,对那些刚刚进入社会的年轻人、初创企业和不发达国家来说,这又是对自己有利的好消息。

那么随之而来的问题是:当现有的道出现势能衰减而需要退出时,真的存在可供后续不断探索发现的道吗?或者现实中有那么多的道可供人们随时选择吗?更一般些,可以问,道可以做到生生不息吗?

对此,《道德经》从三个方面进行了解答。

- 其一,从道的簇发性演绎出道的多样性。

在"道生一,一生二,二生三,三生万物"这段颇具神秘色彩的话里,老子描述了一个道由点到面、由少到多的簇发过程。这是想告诉人们,道只会越来越多而不是越来越少。

所谓簇发,是指一种类似链式反应的扩散机制,先行出现的事物会诱发下一个或多个事物的出现。一开始,道先生成一个事物,然后由这个事物引发一个接一个的事物来与之相配合、补充或者替代,于是就有了一连串的道衍生出众多新生事物。同时,簇发也让道的存在有可能在新的载体下得到延续。

道生一,一生二,二生三,三生万物。(四十二章)

为了便于理解，下面先以人类学会用火和保留火种为例来说明道生一以致万物的簇发过程。

雷击或者火山喷发引出火苗燃烧草木，本来是纯粹自然之道的结果。原始先民通过观察或偶然尝试，发现火可以烧烤猎物或植物块根从而获得比生食更为可口的熟制食物。

如果说这是天人合一之道的第一次成果，那么受美味诱使的原始人类不会就此打住，而是开始琢磨怎样留住火种使得经常享受熟食大餐成为可能。于是，懂得如何留住火种成为第二个道的指向。这样，就有了发动众人寻找柴草、安排人手日夜值班负责添柴等管理活动。

接下来，仅仅能留住火种还不够，因为原始先民在不断的迁徙中还需要能够做到随时随地取火。这就是道在人类最早成功掌握燧石取火或者钻木取火方法时完成的第三次演化。此时，取火的技术发明成了突破的关键。

掌握了随时随地取火的方法后，原始先民开始告别了茹毛饮血的野蛮生活，逐步学会选取燃料、用火取暖、煮食、照明和防御野兽的侵袭，从而引发了一系列产品和工艺的发明创造。例如，由于烹煮食物需要耐火器皿，陶器被制作了出来；火可以防御野兽的侵袭，于是有了火把；火可以熔炼铜铁等矿石，从而打造出兵器和各种工具；火可以照明，油灯随之出现；如此这般，不一而足，日益文明。显然，这也就是"三生万物"的环节了。

无独有偶。苹果公司成功开发以 iTunes 为核心的一系列新产品则可以作为现代的例子用来说明。

随着用户电脑里收藏的音乐越来越多，迅速查找到想听的歌曲成了麻烦事。为了给其电脑用户提供更好的音乐欣赏体验，苹果公司最初设想开发一款音乐收藏管理软件即 iTunes。这可以说是"道生一"了。

但该公司研发团队随即发现，它的用户其实更需要在移动中欣赏音乐，于是研发的视线就转到了数字音乐播放器。苹果公司随后开发出了能够满足音乐爱好者即需即得的音乐欣赏需求的 iPod,它不仅存储量大,而且方便用户进行音乐收藏管理。"一"就这么生出了"二"。

但是数字音乐播放器的 MP3 格式缺少数字音乐版权的管理,支持盗版音乐下载。如果不加以克服,iPod 就会与市场已经做滥了的 MP3 音乐播放器没有什么两样。苹果公司的创举是把 iTunes 从电脑和 iPod 的音乐收藏管理软件变成同时可以销售唱片公司付费下载音乐的 iTunes 网站。"二"生"三"就以新道替代旧道的方式出现了。

这样,数以万计的音乐、游戏和视频内容通过 iTunes 这个便利获得了给音乐爱好者带来最佳体验的机会。重要的是,这些本来是数字音乐播放器制造业和唱片业都苦于找不到道或者行业再发展空间的场合。于是,iTunes 这个"三生万物"的簇发效应令世人赞叹不已。然而苹果公司还能再接再厉,打造出 App Store 为 iPhone 用户提供成千上万个独立第三方软件开发商的软件,又在许多电信运营商一筹莫展的移动互联网应用领域建立了一个很快被争相模仿的典范。甚至这之后很快又有 iPad 平板电脑携电子书下载网站 iBook、广告平台 iAds 和云服务 iCloud 问世。

由这些例子可以看到,簇发过程中既有道的更替又有道的并起,形成了非常多样的道的演化空间。

- 其二,从事物多样性的可延续归纳出道生生不息的可行性。

老子观察到,"万物作而弗始,生而弗有,为而弗恃,功成而不居。夫唯弗居,是以不去。"显然,这里"万物"泛指现实中事物的多样性。事物的多样性只有通过发展到成熟即自动终结离去而"弗居"才能保持整体的活力。万物是怎样做到"功成而弗居"的呢？一是"作而弗始"。不计较始于何时开始劳作就不会萌生劳苦功高的心态,当然也容易接受随时退出的命运。二是"生而弗有"。让事物诞生而不将其视为己有,当然可随时根据需要而放弃。三是"为而弗恃"。创造出事物而

万物作而弗始,生而弗有,为而弗恃,功成而弗居。夫唯弗居,是以不去。(二章)

不自恃有功,当然可以在时机成熟时离开。有了这样不断的自我淘汰精神,万物所代表的多样性自然可以"不去"即具有可延续性。

为什么万物能够不断地通过自我否定而扬弃重生,从而有可持续的多样性呢?

> 大道泛兮,其可左右。万物恃之以生而不辞,功成不名有。衣养万物而不为主,可名于小;万物归焉而不为主,可名为大。以其终不自为大,故能成其大。(三十四章)

进一步地,老子指出,"万物恃之以生而不辞,功成不名有。衣养万物而不为主,可名于小;万物归焉而不为主,可名为大。以其终不自为大,故能成其大。"这其中,同样是"不为主","衣养万物"和"万物归焉"从主动和被动两个角度都得到了一致的态度。"名于小"是看淡自己"衣养万物"的贡献。"名为大"则是由于"万物归焉"而形成事实上的伟大。正是因为道"终不自为大,故能成其大",它们所"衣养"的万物皆"归焉"。换个角度看,既然万物的多样性可持续,那么它们所赖以"不去"而"归焉"的道也应是生生不息的。

- **其三,相对道的多样性人类对道的探索开发还很有限。**

道多种多样、道生生不息,故有"大道泛兮,其可左右"。也就是,在你我的身边,随时随地都有道可供发现与选择。

> 谷神不死,是谓玄牝。玄牝之门,是谓天地根。绵绵若存,用之不勤。(六章)

道多到什么程度呢?"谷神不死,是谓玄牝。玄牝之门,是谓天地根"是借月亮或圆或缺却始终会在天空出现和多产的母性教人们想象道的丰富无穷。如此说来,什么时候都不应抱怨自己时运不济,因为创造创新的空间是无限的。

遗憾的是,"绵绵若存,用之不勤"。也就是说,人们对不断涌现出来可以开发的道之探索利用还是很有限的。

至此,根据道具有新颖性、周期性、阶段性、多样性、簇生性和无穷性等特点,对变化之道的认识趋于更加完整,可以概括如下:

道是前所未有但又会消逝而去的客观事物演化趋向,其势能的释放随着生命周期不同阶段经历由低到高再逐步减弱的过程;道有大有小,非常多样,往往可以由一个道带出成群的道;道生生不息,层出不穷。

附:本讲对应的《道德经》原文及其译文

3.1 道生一以致万物
【原文】
道生一,一生二,二生三,三生万物。
(四十二章)
【译文】
道生养了第一个事物,由第一个事物带出了第二个事物,第二个事物又衍生出第三个事物,如此递进,第三个事物又促生出数不清的新事物。

3.2 弗居不去
【原文】
万物作而弗始,生而弗有,为而弗恃,功成而弗居。
夫唯弗居,是以不去。
(二章)
【译文】
万物运作而不计其始,生长而不占有,作为而不自恃,功成而不自居。
唯有不居功自傲,才能长驻久留。

3.3 大道泛兮
【原文】
大道泛兮,其可左右。
万物恃之以生而不辞,功成不名有。
衣养万物而不为主,可名于小;
万物归焉而不为主,可名为大。
以其终不自为大,故能成其大。
(三十四章)
【译文】
大道十分广泛,就在每个人的身边。

万物正是依靠它而生生不息,大功告成也不求留名。

道养育万物而不是去主宰它们,可以说它把自己的作用淡化到很微小;

万物归依,道还是不去主宰它们,这又何其伟大。

道始终不自为大,才成就了其伟大。

3.4　用之不勤

【原文】

谷神不死,是谓玄牝。

玄牝之门,是谓天地根。

绵绵若存,用之不勤。

(六章)

【译文】

月亮尽管盈缺交替却总挂在天空,象征着深奥的雌性生养。

雌性生养之门,可以用来比喻天地的本源。

它若隐若现绵绵不断,真正得到利用的数量还不多。

第四讲·德体现创造能效

生生不息不断更替的道并不是自我实现的,它是客观发展的可能性源泉,只负责为有道者提供创造新事物的途径和机遇。道的实现要由有道者来完成,通过天人合一的努力,以形成改变现实的成果。所以,能够把握道提供的创造机遇,还要看自己是否能够成为有道者。

那么,哪些人属于有道者呢?他们具有什么素质和能力才可以担负起这样的重任呢?老子通过引入"德"这个重要概念来进行界定。

据有关研究介绍,汉字的"德"字,最早出现在殷商时代的甲骨文里。在德字的古字形中,一边的双立人本意代表"人行走在路上",另一边则是一只眼睛。它形象地告诉人们,看准了路,路走得顺。后来周初的钟鼎文里,德这个字的下面又多了一颗"心",从而逐渐形成今天这样的写法。于是,由心、眼和行走之状三部分构成的德就有了很传神的内涵:宽阔心胸、远见卓识和敏捷行动。

汉代的《说文解字》还认为,古代的"德"字和"得"字是相通的。也就是说,"德"代表着某种事业的完成或某种结果的获"得"。所以,"德"既具有能力或素质的内涵,又包含对效果或成效的要求。《道德经》正是这样把德的内涵与道的实现成果巧妙地联系起来。

> 道生之,德畜之,物形之,势成之。是以万物莫不尊道而贵德。道之尊,德之贵,夫莫之命而常自然。(五十一章)

"道生之,德畜之,物形之,势成之"明确了道与德的分工。"道生之"指出,道的职能是提供新事物涌现产生的可能性。"德畜之,物形之,势成之"则明确德要担负的养育事物任务,覆盖了自萌芽开始而顺利成长直至成形成势获得最终成果的全过程。在商业实践中,"物"就是研发出来的新产品,而"势"就是所占有的市场份额。它们都属于有形可见、具有价值的成果。于是,对应道所提供的创造机遇,德代表需具备的相应创造能力和要实现的相应创造成果。

上述天人合一的性质决定了,在道的生命周期不同阶段,道与德通过分工相互倚重。道在其生命周期第一阶段带来创造新事物的机会;能否进入后续的阶段则要看德的情形如何。如果德一直不能发现道指引的方向,那么道就只能中途夭折,人们因此错失良机。所以,道进入后续阶段一定要由"德畜之"。为此,需要有道者具有使命感和恒心,独具慧眼且愿意承担失败风险和忍受寂寞孤独,从而通过发明与发现而进入道的生命周期第三阶段;在第三阶段德的任务是使"物形之,势成之",即让道的创造空间成形和让道的势能得到发挥。此时,德需要具备雄心、包容心、责任感、毅力以及执行力以便组织和调动所需资源强有力地开发出道所提供的潜能。

汇总起来,德要完成"畜之"、"形之"和"成之"的任务而获得理想的成果,必须覆盖以下基本素质和能力:一是"有余以奉天下"的雄心、恒心、包容心、责任感和使命感等组成的宽广心胸;二是能准确洞察道的存在或预见道的出现所需要的创造性思考能力或发现能力;三是能将道的势能发掘出来的执行能力。

德的这三条素质和能力可以简单地用"能容"、"能见"和"能干"来概括。它们与能够得到的结果(简言之"能得")之间存在着一定程度的相互依赖和相互促进关系。

- 其一,能容是能见和能干的动力源。

对于一个人来说,能容意味着勇于担当,而这就要求落实到能见或者能干上。心胸宽阔也会促进视野的扩大和眼界的提升。这正如人们常说的"心有多宽,舞台就有多大"或者"心有多广,路就有多远"一样。反之,缺乏远大抱负势必懒于深入思考和坚持探索。心胸宽阔也可以促使人干得更多更好。高远目标既催促着行动的开展和坚持,也有利于调动各个方面的积极性,吸引人们参与到对道所提供创造机遇的发掘中来。而对于一个企业或者国家来说,能容意味着鼓励担当,让更多能见或者能干的人有用武之地。

- 其二,能见促进能干,能干实现能得。

对道的准确感知和判断可以让行动目标更加明确和易于执行,所以能见可以促进能干。正所谓事半功倍。在方向正确的前提下,能干最终会将道提供的机遇转化为丰硕的收获。

- 其三,能见和能干是能容的助推器。

鼠目寸光势必心胸狭窄,远见卓识会让心胸更加宽阔。所以,能见则能容。同样,能干就不会处处计较,也不会认为多承担些责任是吃亏的事。于是,能干也有助于能容。

- 其四,能得将积极反作用于能容、能见和能干。

乐观的能得预期,会增强能容的心态,促进对能见的重视,也会刺激能干的提升。

由以上可总结出两点。

一是要想最终把新事物创造出来变成有形的成果,不仅要有道而且还要有德,"是以万物莫不尊道而贵德"。然而对道的尊重和对德的珍贵都应该是基于世界观而发自内心而非由外人强加,这正是"道之尊,德之贵,夫莫之命而常自然"所强调的。

二是德的能力发挥,不仅方向不能脱离道,而且细节也要与道吻合。也就是"孔德之容,唯道是从"。只有德所想、所见、所为全貌中的每一个细节都能不偏不倚地依从道提供的

孔德之容,唯道是从。(二十一章)

方向和势能,德才可以把胸怀、见地和行动的潜在能力转化为最好的创造性成效。

附:本讲对应的《道德经》原文及其译文

4.1 道生德畜

【原文】

道生之,德畜之,物形之,势成之。

是以万物莫不尊道而贵德。

道之尊,德之贵,夫莫之命而常自然。

(五十一章)

【译文】

物由道所生,由德所养,然后才有了事物的形状并让势能得到释放。

所以万物无不尊崇道并珍重德。

对道的尊崇和对德的珍重,都是自然产生而非受人之命的结果。

4.2 唯道是从

【原文】

孔德之容,唯道是从。

(二十一章)

【译文】

德的每个细节,都应依道而行。

第五讲 道与德影响世界

按照上一讲谈到的德的内涵界定，想成为有道者的读者免不了感觉标准有点高。其实不必畏难畏缩。道那么多，也有大有小，对德的要求当然也有高有低。找到适合自己的道尽自己的力就好。关键在于有否这样的意识：我们生活的这个世界将如何变化取决于是否发现了道，而这个世界的演变结果反过来又影响我们自己。

宏观地看，虽然道随时随地存在着，但人类社会能否找到足够多足够大的道则是另一回事。在这个意义上，可以把社会所处状态简单地分为"有道"和"无道"两类，有足够多足够大的道时即为"有道"，反之则为"无道"。例如，企业的现有业务是否还盈利基本上体现着其产品受用户欢迎的情形。如果利润由高速增长进入一个衰减的势头，就说明其经营已经从"有道"进入到"无道"状态。而在现代市场经济社会里，能够实现显著的经济增长表明社会有足够多足够大的道在起着拉动作用。相反，如果道不够多不够大，整体经济就会由于增长停滞而进入衰退甚至萧条。

道虽生生不息，但人类社会能否持续地保持"有道"而远离"无道"又是一个大问题。根据上一讲的分析，究竟是"有道"还是"无道"与德的状态有关。"有德"才会"有道"，"无德"则意味着"无道"或"失道"。这样看，就可以感受到我们每个人的意愿和努力在其中的作用。

围绕道和德的存废,《道德经》提出了下面三个重要问题。

● 其一,一个社会怎样才能保持"有道"?

老子认为处理好道在其生命周期第二阶段和最后两个阶段的事情最为关键。

> 含德之厚,比于赤子。毒虫不螫,猛兽不据,攫鸟不搏。骨弱筋柔而握固。未知牝牡之合而朘作,精之至也。终日号而不嗄,和之至也。知和曰常,知常曰明。心使气曰强,益生曰祥。物壮则老,谓之不道,不道早已。(五十五章)

对于道的第二阶段即人类开始对道的探索时期的重要性,老子用刚出生婴儿的生命活力来比喻。通常由于道的新颖性具有"迎之不见其首"的惚恍特性,人们或因风险过高或因能力不够而不愿相信道的存在,一些真知灼见甚至被认为是异端邪说。但"含德之厚,比于赤子"。恰恰是在这个探索发现道的早期阶段,如同新生儿在人的一生中最有生命活力一样,德的贡献才显得最为厚重。新生儿"毒虫不螫,猛兽不据,攫鸟不搏",有很强的生命力。虽然他们很弱小,但从"骨弱筋柔而握固。未知牝牡之合而朘作,精之至也。终日号而不嗄,和之至也"可以观察到:小手能握得紧紧的,生殖器偶尔也会勃起,整天啼哭声音却不嘶哑。这说明婴儿不仅精力旺盛,而且当全身肌体都调动起来运动时,可以使身心处在最和谐的状态。

所以,在这个阶段看起来未成气候的想象力和创造力却是社会最具活力的细胞或元素,同时也是保持"有道"的根基所在。这个阶段的德可以带来最有活力的和谐效应,因而也最为关键,其贡献最为厚重。常识上,人们都希望自己所处的企业及社会常常保持在最为繁荣的巅峰状态。与常识不同的是,老子用发展的动态眼光看出,最有活力和最有前途的社会而不是最繁荣、最成熟的社会才会最和谐,也就是要有更多的资源和能力自觉自愿投入在道的生命周期早期,德厚才会和至。

人们了解了和谐之至的好处之后,当然会想将之保持长久。如能知道怎样保持长久则未来前途一片光明。所以说"知和曰常,知常曰明"。这也可以进一步解释为,要想保持

"有道"而"和之至"就要常保持德厚,尽可能使社会处于道生命周期的第二阶段或者拥有更多处于道的第二阶段的业务和产业。

然而,道的生命周期总是随着时间而演进的。今天都处于第二阶段,明天一起跨进第三阶段,后天又会统统进入第四以至第五阶段。既然不能逆行退回第二阶段,那么人们自然就会想方设法尽可能长久地留在第三、第四阶段。这种心态形象地比喻就是"心使气曰强"。试想一下,通过心来支配气的流动或者说运气是可以达到强大至硬气功那样的刀枪不入的状态。但这毕竟是人为硬撑起来的,无法长久。老子以"益生曰祥"告诉人们,不要采取硬抗的态度,相反,从有益于保持生命活力出发才是祥瑞之举。

于是,保持"有道"的选择就转到了放弃在原道的第四或第五阶段停留而进入新道的第二阶段。因为物发展到强壮时即开始衰老,这就意味着道的消逝,所以道将消逝就要及早放弃。这就是"物壮则老,谓之不道,不道早已"想要告诉人们的道理。

● 其二,一个社会"失道"会怎样?

整个社会"有道"就意味着拥有共同努力的方向,各种资源可以投入财富的创造。不仅马要参加耕种,连马粪都被收集来肥田,"天下有道,却走马以粪"所描述的情景显示,有道为各种资源带来了和平发展用途。

天下有道,却走马以粪。天下无道,戎马生于郊。(四十六章)

而当天下"失道"而苦于"无道"时,社会失去了共同发展的方向。人们对未来可以获得新创财富而改善生活不抱希望,就会陷入对既有利益的各种各样纷争。于是,仁义和孝慈成为维持旧秩序的必要手段,忠臣成为保住江山的依靠,但还是不可避免出现上有政策下有对策或者一方利用权力争利而另一方制造假象以应对的局面。所以老子说,"大道废,有仁义;智慧出,有大伪;六亲不和,有孝慈;国家昏乱,有忠臣。"

大道废,有仁义;智慧出,有大伪;六亲不和,有孝慈;国家昏乱,有忠臣。(十八章)

纷争走向极端,就是战火纷飞。人不分男女老少,地不分东西南北,都被卷入恶战之中。各种资源无一幸免地转而用于战争。"天下无道,戎马生于郊"就形象地举例说,打起仗来连有孕的母马都免不了要上战场,以致小马驹要生于郊野。

- **其三,一个社会为什么会"失道"?**

根据前面的分析,"失道"是因为一个社会不能如期找到足够多、足够大的道,而这与德的缺失紧密相关。

德的缺失怎样衡量?

老子对德的层次进行了划分。

以与某个具体的道是否吻合为基准,德可以分为以下三个层次:达到德与道恰为一体而不必提德的,就可以获得好的前景和成果从而"有德"。这属于"上德";那些由于看不见道在哪里但又有良好愿望并付出不断努力者,表面上"不失德"但也没有达到道的要求,得不到实效而"无德",因而划为"下德";而那些连实际努力也不愿付出的,当然就失去了获得成果的机会,故属于"失德"。除了这三个层次之外,《道德经》中还对常德和玄德加以提倡,后续相关部分将分别加以说明。

再根据德所处的不同层次,对应地也可以根据道的拥有状况分为"有道""无道""失道"等社会状态,其中"无道"和"失道"分别由于"无德"和"失德"而造成。故"无德"和"失德"都属于德的缺失。

德是如何缺失而导致"失道"的呢?

先从德的完整情形出发。"上德无为而无以为",其中"无以为"在这里的意思是,不在任何场合继续采取原有方式行动。换句话说,是自觉地处处都不再做守成的努力。因此,上德要求能做到,说弃旧图新就可以割舍一切既得的东西。这样,老子把德无缺失的标准定在不仅能够积极探索新的道,而且能够主动终止在成熟之道上的守成作为。

如果这边没有真正弃旧而同时还在设法显示自己在尽力图新,这种表现就是"无为而有以为"。所以"下德"的特征就是在需要无为时却仍无法割舍一些关键的既得利益。由于

> 上德不德,是以有德;下德不失德,是以无德。上德无为而无以为;下德无为而有以为。上仁为之而无以为;上义为之而有以为;上礼为之而莫之应,则攘臂而扔之。故失道而后德,失德而后仁,失仁而后义,失义而后礼。(三十八章)

"有以为"不能把时间和精力投入到新的"有道"环节中,而道不可能不请自来,所以自"下德"起德就因不能做到"有道"而出现了缺失。

进一步地,失德会怎样? 有必要对社会可能采取的各种应对措施及其效果进行一下比较。

先是推行"上仁"即大力提倡同情友爱和尊崇上位者及既得利益者的社会风气。实施仁政的方向和结果是"为之而无以为"。具体地,"上仁"作为一种守成的努力,其"为之"的结果是"无以为"。由于与"上德"的方向不同,"无以为"在这里所对应的不是弃旧而是守成,所以意思有所区别。仁政的意图是通过提倡大家团结友爱和尊崇忍让以缓解社会矛盾,相对而言是比较和缓的守成措施。因而老子认为它不能做到对症下药,效果会不痛不痒,对于抑制纷争和防止战乱无济于事。也就是说,"上仁"的"无以为"是无从下手的守成努力。这是较"下德"严重一些的失德。

除了"仁"以外,还可以提倡"义"即出于正义感而采取行动。主持正义本身没有什么不对,但一项主张是否属于正义是一种价值判断。单独地强调"义"往往没有与未来道的发展要求相吻合,反而容易变成出于既得利益而为激烈的抵抗创新变革行为提供正当性理由,甚至意气用事地倒行逆施。在这个意义上,老子说"上义为之而有以为"。与"下德"的"有以为"不同的是,在"上义为之"且"有以为"中"为"的内容已由缓和的守成行为转化为激烈的对抗变革行动,因而是更为严重的失德。

类似的还有"礼"。"礼"要求大家共同遵守一些仪式和规范,从而形成对人们的行为约束。在道的成熟阶段,"礼"的推行有助于限制人们寻找新的机遇打破既有利益格局的尝试,从而"礼"成为维持旧秩序的守成工具。正如"上礼为之而莫之应,则攘臂而扔之"所描述的那样,"礼"的特点是具有某种强制性,于是越是周全越是严格的礼在推行中越难免遇到抵制和反弹。对此,统治者就会采取使民众服从的强制措施。

所以"上礼"也是很严重的失德。

上述几种社会行为按照失德的程度可以形成"失道而后德,失德而后仁,失仁而后义,失义而后礼"的恶性循环演变序列,从而标志着不断恶化的"失道"。

在这一篇所涉及的内容里,《道德经》告诉我们,这个世界的确有其守恒和多变的两面性。守恒让我们有一个可以驻守的物质家园和可以依存的心灵家园,但变化才是考验和乐趣所在。变化中起作用的既有常常给我们带来意外好处或突发灾害的纯粹自然之道,也有带来创造机遇的天人合一之道。道是创造机遇,道有生命周期,道将生生不息;德是创造能效,有道者凭借宽广心胸、独到眼光和敏捷行动等创造能力,可以将道提供的势能发掘出来"有余以奉天下",社会和个人都将因此变化而受益。能保持创造活力的个人、企业和国家才会到达和谐祥瑞的境界。如果不能让自己或者企业、国家等组织保持在富有创造活力的状态甚至拒绝创造性的变化,则将面临守成带来的另外一种变化结果,即"大道废"后的利益纷争。

附:本讲对应的《道德经》原文及其译文

5.1 德厚和至

【原文】

含德之厚,比于赤子。
毒虫不螫,猛兽不据,攫鸟不搏。
骨弱筋柔而握固。
未知牝牡之合而朘作,精之至也。
终日号而不嗄,和之至也。
知和曰常,知常曰明。
心使气曰强,益生曰祥。
物壮则老,谓之不道,不道早已。

(五十五章)

【译文】

含德丰厚的情形,有如刚出生的婴儿。

毒虫不蜇咬,猛兽不侵害,猛禽不搏抓。

虽然骨弱筋柔但小手握得紧紧的。

不懂男女之事但生殖器也会勃起,这就是精力最旺盛的体现呀!

整天啼哭声音却不嘶哑,因为这时全身肌体都调动起来运动,所以最和谐呀!

知道和谐的好处当然会想将之保持长久,知道如何保持长久可以说前途光明。

固然,通过心来支配气的流动可以达到强大的状态,但有益于生命才是祥和。

事物发展到强壮时即开始衰老,这就意味着道将消逝,道将消逝就要及早放弃。

5.2 有道之幸运

【原文】

天下有道,却走马以粪。

天下无道,戎马生于郊。

(四十六章)

【译文】

天下有道可以发展时,马参与耕种以粪肥田。

天下苦无出路时,连有孕的母马都要上战场以至生产于郊野。

5.3 道废万事哀

【原文】

大道废,有仁义;

智慧出,有大伪;

六亲不和,有孝慈;

国家昏乱,有忠臣。

(十八章)

【译文】

大道荒废之后,要靠推行仁义维持秩序;

千方百计算计民众,得到的往往是造假的后果;

亲属间纷争失和,于是强调对长辈的孝敬和对晚辈的关爱;

处于混乱之中的国家,最能显示出谁是忠臣。

5.4 失道而后德

【原文】

上德不德,是以有德;

下德不失德,是以无德。

上德无为而无以为;

下德无为而有以为。

上仁为之而无以为;

上义为之而有以为;

上礼为之而莫之应,则攘臂而扔之。

故失道而后德,失德而后仁,失仁而后义,失义而后礼。

(三十八章)

【译文】

高层次的德因能做到德与道的完全一致以至可以忽略德,从而有实际成效;

那些仅仅是为了不失德而尽力的德属于低层次的德,不能取得实际成效。

高层次的德说舍弃就一定不再守成;

低层次的德说舍弃却还是拖泥带水。

高层次的仁想维系稳定但无处下手;

高层次的义努力去固守但于事无补。

高层次的礼推行过后无人响应,干脆拉人衣袖加以强制。

所以,失去道后只好依赖于德,失去德后只好依托于仁,失去仁后只好借助于义,失去义后只好去推行礼。

第二篇　人们应当如何选择？

读完上一篇，是不是感觉道提供的创造机遇很诱人？能做个有道者也很伟大？但冷静下来问一下，自己及自己所在的企业或国家组织真的乐意那么做吗？我们究竟该如何做出选择？不同的选择将意味着行为上的哪些重大调整？产生新的困惑正说明有进一步读下去的必要。《道德经》认为种瓜得瓜、种豆得豆，要想避免盛极必衰，走上历变不衰的理想道路，只能遵循"不欲盈"的原则而创造不已。

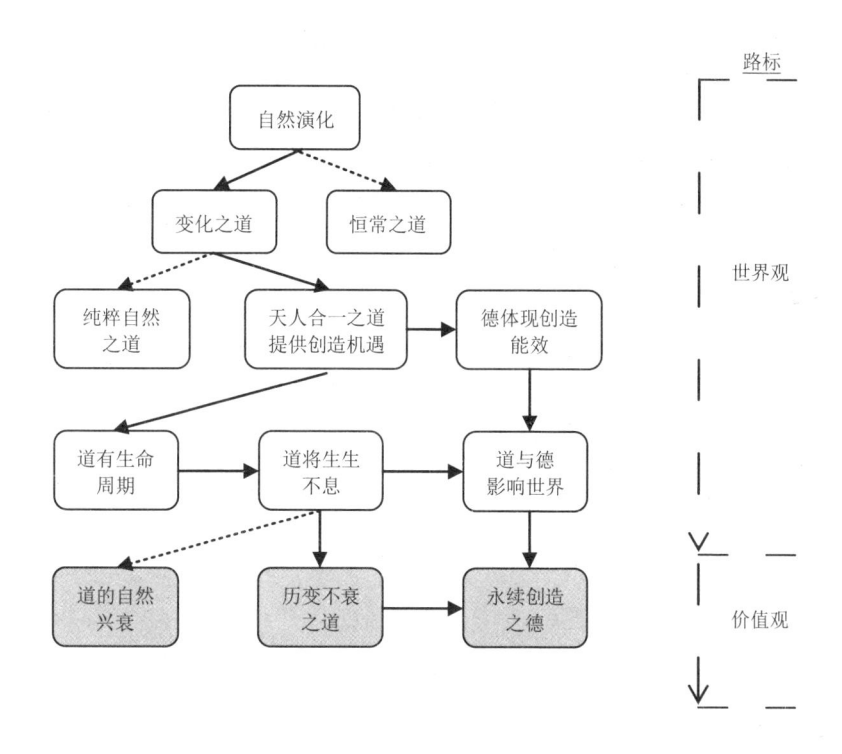

```
                    自然演化
                   ╱        ╲
              变化之道      恒常之道
             ╱       ╲
        纯粹自然   天人合一之道        德体现创造
        之道      提供创造机遇          能效
           ↓          ↓                  ↓
        道有生命  →  道将生生    →    道与德
        周期       不息              影响世界
           ↓          ↓                  ↓
        道的自然    历变不衰    →    永续创造
        兴衰        之道              之德
```

路标

世界观

价值观

第六讲 历变不衰之道

道具有鲜明的新颖性和消逝性。新颖性带来前景的不确定性,消逝性带来收益的不可持续性。这其中都意味着道不断更替引发的风险。

对待道引起的变革,是恐惧、害怕、去抵抗、去拖延,还是去迎接、去拥抱?可以先区分漠视改变、抵御改变、愿意改变三大类态度。

众所周知的"以不变应万变"(这里的"万变"不含那些细小的变化,而是接踵而来的重大变化,下同)实际上是一种对改变无动于衷的漠视改变态度。

抵御改变者对任何实质改变都采取抵制、延缓或者试图加以控制的办法。抵御改变者按程度轻重分两种。程度较轻的有"以控变应万变""以缓变应万变"等能不变就不变和尽可能推迟变的态度。而最消极的则是"以阻变应万变"的对抗变化态度。

愿意改变的态度又可以细分为顺应型和引领型两种。"以顺变应万变"是对变化采取先观望、一旦看准就快速跟上的策略。这种顺应型的价值观旨在增加现成的得益和降低未来的风险。引领者采取的是"以领变应万变"的积极进取态度,把自己作为牵引力量,不断顺应道的趋势主动把道的能量释放出来而实现道的更替。

那么按照老子的观点,应该怎样对待变化呢?

- **其一,道的更替是不可避免的客观规律。**

老子说"希言自然"。"自然"在这里与"道法自然"中的意思有所区别,不是特指自然界而是泛指非人力所能为的状态。《道德经》中还有几处类似的用法。这里运用类比,老子说"故飘风不终朝,骤雨不终日。孰为此者?天地。天地尚不能久,而况于人乎?"其中的意思是要求人们在面对变化时,少说本来如此又能怎样。其实天地每时每刻都在变化,而生活于天地之间的人又怎能不跟着变?你自己不想变或不能变,又怎么能不让人家变?所以漠视或抵御变化的态度是不可取的。

> 希言自然。故飘风不终朝,骤雨不终日。孰为此者?天地。天地尚不能久,而况于人乎?故从事于道者,同于道;德者,同于德;失者,同于失。同于道者,道亦乐得之;同于德者,德亦乐得之;同于失者,失亦乐得之。(二十三章)

- **其二,对待道的不同态度最终将让每个人各得其所。**

由于天人合一之道需要人的创造性参与才能"有余以奉天下"即转化为人类社会的新增财富,老子把对道的更替将带来的改变采取不同态度的人分为"从事于道者"、从事于"德者"和从事于"失者"三类。

对应上面的划分,引领变化者相当于"从事于道者"。由于领变者按照天人合一之道指引的方向,积极去抚育发展趋势的形成和促成势能的释放,所以他们的行为"同于道"。而"同于道者,道亦乐得之"是说,有人慧眼识道且把它转化成现实成果,道会为这个机会得到利用而欢欣鼓舞。当然这是拟人化的修辞。从领变者角度看,"同于道"当然也不是空手而归。相反,他们是名实皆至,因为"上德不德,是以有德"。

顺应变化者可以归入从事于"德者"。他们不是主动地去发现道,而是采取以逸待劳策略,等待道的趋向明确之后再参与道的势能开发。这种"不失德"的做法虽"同于德",但与"同于道"有显著的层次之分。"同于德者,德亦乐得之"是说,虽然没有探索发现道的贡献,但多少也为道的势能开发做了贡献,德也乐意接受他们并让他们有所收获。

"以不变应万变""以控变应万变""以缓变应万变""以阻

变应万变"等漠视和抵御变化的态度都属于从事于"失者"。因为他们漠视或者抗拒变化,那么变化所提供的机遇就与他们无缘了,所以"失者,同于失"。而对"同于失者",既然"失道"又"失德",那就只能与失落和失意为伍了,"失亦乐得之"的结果公平合理。

为什么不同的态度必有不同的得失,而其中只有引领变化才最有生机?

其原因正是老子在前面引述的段落里所强调的,世界在不断变化,而且变化越来越快。天人合一之道提供了变化的可能性以及创造的机遇。不管是一个人,还是一个企业或者一个国家,如果你不变,一定有其他人、其他企业或者其他国家会依照新的道选择变革来替代你。没有人可以设想,迟迟不愿做出变革的人和组织,最终能尽享领变者所发现的机遇和所创造出来的财富。

值得强调的是,体现着道生生不息不断更替意志的环境快速多变,用流行的语言就是"唯一不变的就是变",可以说是整部《道德经》的基本假设或者出发点。

- **其三,历变不衰之道的存在为持续领变带来可能。**

环境的快速多变给价值观带来的真正挑战,还在于如何持续地领变而不是一次或者偶然地领先。那么,客观上是否存在历经环境的重大变化而保持领先的路径?

老子借由对水的运动特性的观察,发现历变不衰之道是存在的。由于水的特性"几于道",所以他认为具有普遍意义。"孰能浊以止?静之徐清。"就是说,混浊的水相当于道的初始状态,要让它变得清晰,需要平静或者稳定下来(在今天就是用创造性思维加上后续的科学思维和技术方法)将那些纷杂的无关和不重要因素加以沉淀以发现道得到稳定实现的路线,使其势能得到发掘。但是就像水存放在一个固定的容器中慢慢会滋生细菌和寄生虫而发臭一样,沿用同样的路线一直稳定固化发展下去势能趋向耗竭,也不能应对新的道即将

孰能浊以止?静之徐清;孰能安以久?动之徐生。保此道者,不欲盈。夫唯不盈,故能蔽而新成。(十五章)

带来的颠覆性变化,所以要能不断主动拥抱新的变化,才可以持续地在新的道上运行下去并保持活力。这就是"孰能安以久?动之徐生"的意思。

所以,在确定的发展轨道上要不断调整自己以迎接不确定中的新机遇,找到"静之徐清"与"动之徐生"的恰当平衡,是可以"保此道"或者进入通向德厚和至、历变不衰的路径。这也就是老子在《道德经》里赋予道的第三重也是最重要的一层意思。我们把它命名为历变不衰之道(如图二所示),它实际上是一条渐近线或者包络线。它的含义是,如果能够做到在发展壮大的同时不断地弃旧图新,客观上存在着一条克服快速多变环境挑战而持续成长的路径。

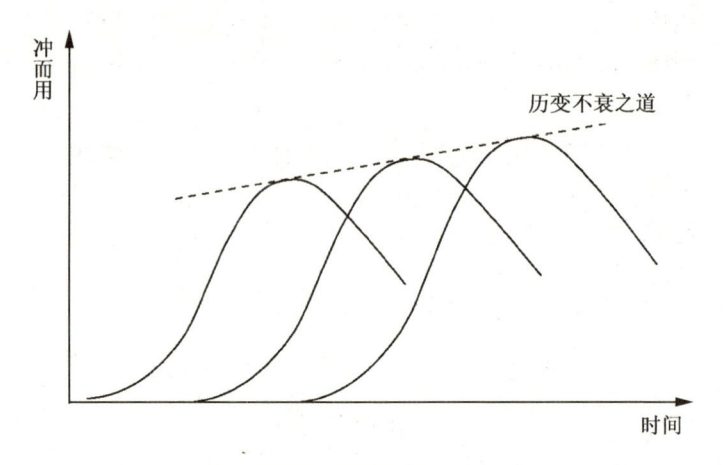

图二 历变不衰之道

与此同时,《道德经》在对比中还提供了与历变不衰积极进取相反的备选路线(如图三所示),这就是被动地随道更替而自然兴衰。虚线所代表的新道往往是由其他有道者带来的,自己所能做的就是看看是否有运气搭上新机会的便车。自然兴衰在个人表现为风光一时却在失势后基本无法东山再起;在企业表现为不能及时转型而最终倒闭或者被肢解合并;在国家则表现为盛极而衰或者长期停滞甚至战乱。这条备选路线就是让原来混浊的水一直沉静下去,把澄清进行到底。结果当然是以水变臭而告终。因此,老子一再强调"物壮则老,是谓不道",告诉我们自然兴衰这条路是靠不住、走不通的。

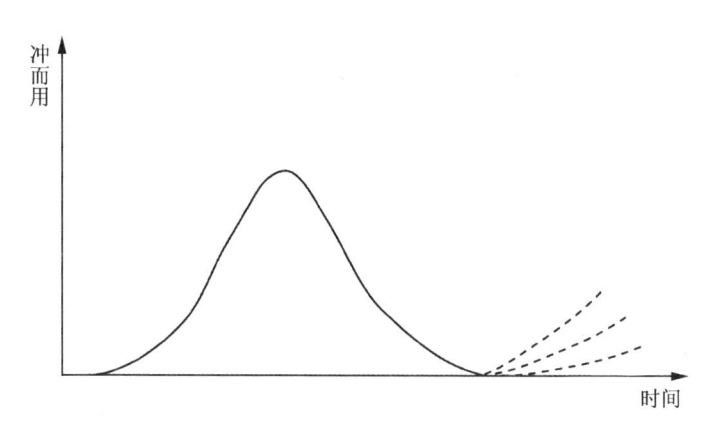

图三　道的自然兴衰

- 其四,"不欲盈"是实现历变不衰之道的必要条件。

历变不衰将如何实现?

老子的答案是"不道早已",因为"保此道者,不欲盈。夫唯不盈,故能蔽而新成。"换句话说,要走上一条历变不衰之道,就要做到在现成的道上不求满、不做绝,不追求极致而及早舍弃。只有懂得弃旧,才有可能图新。而正因为是在一个道的开发处在最辉煌、最丰硕的高峰阶段选择退出,新的道才会在深厚财力和较强承受失败能力的遮蔽之下获得足够的投入支持从而得以破茧而出。

通常我们会想,好不容易找到一个道而得到一次大发展的机会,为什么还没有穷尽其潜力就要轻言放弃呢?更何况古今圣贤都推崇"止于至善"精神,"不欲赢"不是会造成虎头蛇尾、半途而废吗?其实,止于至善的精神在这里放在对历变不衰之道的境界而不是在具体某个道的追求上更为恰当。所以"止于至善"可以成为对历变不衰之道终极目标的不懈追求。

物壮则老,是谓不道,不道早已。(三十章)

举个著名的例子。美国柯达公司曾是数码相机的发明者。但直到数码相机已经发展得很成熟时,它还迟迟不能将公司重心从传统的胶卷业务向数码领域转移。甚至还出巨资收购乐凯等中国胶卷生产企业,试图遏制其对手日本富士公司在中国的扩展并在比较不发达的地区收获化学成像技术的最后一波净现金收益。然而,没想到转瞬之间,即使在中国西部的广大地区,人们都纷纷把"傻瓜相机"换成了数码装备,柯达的对手也换成了尼康和佳能等众多电子企业。结果,柯达只得中止了原本要合作20年的协议并以不到4折的价格出售了所持有的乐凯股份,成了新兴数码成像领域的失意者。

正是因为贪恋既有的道上的美景而不能达成"不欲赢"的转型决策,才导致柯达公司盛极而衰的结局。

附:本讲对应的《道德经》原文及其译文

6.1 希言自然

【原文】
希言自然。
故飘风不终朝,骤雨不终日。
孰为此者?天地。
天地尚不能久,而况于人乎?
故从事于道者,同于道;
德者,同于德;
失者,同于失。
同于道者,道亦乐得之;
同于德者,德亦乐得之;
同于失者,失亦乐得之。

(二十三章)

【译文】
少说原本就是这样而不能改变。
大风刮不过一个早上,骤雨下不了一整天。

谁制造了风雨？天地。
天地都不能固定不变，何况人？
所以，那些按道行事的，与道相合；
为德而行的，与德一致；
失去道和德的，与失相伴。
合乎道的，道乐意给予其所得；
合乎德的，德乐意给予其所有；
合乎失的，失也乐意伴其左右。

6.2 静清动生不欲盈

【原文】

孰能浊以止？
静之徐清；
孰能安以久？
动之徐生。
保此道者，不欲盈。
夫唯不盈，故能蔽而新成。

（十五章）

【译文】

谁能让携泥沙滚滚而下的洪水不再浑浊？
使它静下来就会慢慢变清；
谁能让清静之水久不变臭？
使它流动起来慢慢就有了生气。
要保持清澄而不腐的状态，不应求满。
只有不求满，才能在遮蔽下促成新生。

6.3 不道早已

【原文】

物壮则老，是谓不道，不道早已。

（三十章）

【译文】

事物发展到强壮时即开始衰老，这就意味着道将消逝，道将消逝就要及早放弃。

第七讲·永续创造之德

现实生活中,其实不论哪个人都愿意青春永驻,不论一个国家还是一个企业都不会排斥对长盛不衰、基业长青的追求,只不过让人头痛的是难以逃脱的盛极必衰周期率。

在道不断更替的多变世界里,以漠视变化或者抗拒变化去实现长盛不衰、基业长青的想法不切实际。在老子看来,即使愿意变化还是不够的,因为采取顺应变化策略也还是不能保证长盛不衰、基业长青的实现。所以,处在高位上的人们只有两个基本选择,一个是接受变化导致的衰败,另一个是持续领变以实现长盛不衰。

这样,上一讲内容中老子对历变不衰之道客观存在的确认,为那些不愿接受盛极必衰周期率诅咒的组织和个人提供了可以理性选择并矢志不渝地加以追求的价值目标。

那么如何调整自己的基本行为准则以实现这样的价值目标?

通过对水由浊变清并在适当的流动中得以保持清澄的观察,与"不道早已"相呼应,老子提出了"不欲盈"作为实现历变不衰之道的必要条件。相应地,从德的角度来看,这也应是以历变不衰之道为终极目标的组织和个人,在遇到眼前与长远等重大利益冲突时做出抉择的核心价值准则。

但是人们往往因为功成名就而不愿随之加以放弃。这也

故道生之,德畜之;长之,育之,亭之,毒之,养之,覆之。生而不有,为而不恃,长而不宰。是谓玄德。(五十一章)

是顺应变化策略最终导致无法逃脱盛极必衰周期率惩罚的根本原因。老子劝导道："故道生之，德畜之；长之，育之，亭之，毒之，养之，覆之。"这些话虽然听起来不免有些残忍，但这毕竟是道的客观演化所必须遵循的规律。如果能够战胜自我，及早舍弃而做到"生而不有，为而不恃，长而不宰"，就可以达到老子称之为"玄德"的最高境界。

"玄德"之所以成为最高境界，不仅因为是能够在现有已经成熟的道上进行"无为"即舍弃，而更重要的在于能够实现"无不为"，也就是能够随着道的更替源源不断地发现和开发新的道。也就是说，道的生命周期有限性要求创造的持续性，只有在现有的道上"无为"才能做到新的道上的"无不为"。这就意味着"玄德"把对创造能力和成效的要求提升到了持续不断的层次上。所以，玄德的内涵就是永续创造。用今天的管理术语来比较，它与企业动态能力（Dynamic Capabilities）的意思相近但更强调遵循"不欲盈"而主动地弃旧图新。

在这个意义上，《道德经》中的道和德的内涵不仅仅是个别或一次性的前所未有且会消逝的趋向发现或其势能的开发利用。更准确地说，老子把它们的内涵提升到了动态层次上的历变不衰之道和永续创造之德，从而构成《道德经》通篇的主题。

以"不欲盈"为历变不衰的核心价值准则，老子还为永续创造之德提出三点具体的行为准则。

● 其一，乐意"为而不争"。

后人常常把"不争"当作认定《道德经》主张消极逃避思想的根据。其实老子说"不争"是为了"为"而"利万物"或"有余以奉天下"。"不争"在这里是要求人们在价值观和行为准则上淡化甚至放弃对眼前既有利益的争夺，而着眼于新事物的创造。显然，"不争"是"不欲盈"的直接逻辑结果。也就是说，到了事物发展的成熟期，能够做同样的事情的人多了起来，就到了不贪恋、该舍弃的时候。

天之道，利而不害；圣人之道，为而不争。（八十一章）

通常按照微观经济学的经典理论来看,竞争有利于增加社会福利,因而对不争的必要性难以理解。对此需要区分情况。在一个道所提供的发展趋向和势能还有很大增长空间的情况下,增加竞争的确会抑制垄断,让每一个在位者都始终兢兢业业不能松懈。但到了一个增长空间即将消失殆尽的成熟阶段或者即将有更具意义的道成为替代选择的时候,竞争所能实现的额外贡献趋近于零甚至由于过剩产能增加而带来负面作用,于是要转变增长方式依靠新一轮的创造创新开拓新的增长空间。如果不是这样的话,各国政府为之头疼的经济衰退和危机就不会发生了。因此,从增长的整个过程来看,社会福利的潜在增长空间是创造创新所带来的,竞争只是把潜力充分挖掘出来加以实现的重要促进力量。也就是说,竞争对社会福利的贡献是建立在创造创新基础上的。没有了创造创新提供的空间,竞争的积极作用无以施展。

所以,"不争"在这里不仅不是消极逃避的行为,反而是果断舍弃既有利益转向创造开拓而"利万物"的积极进取的价值观和行为准则。

● 其二,甘于"处众人之所恶"。

> 上善若水。水善利万物而不争,处众人之所恶。故几于道。(八章)

有了"不争而善利万物"的志向,接下来还要问问自己有没有做好吃苦受挫的心理准备。显而易见的是,道的发现及其势能的发掘是一项高风险的事业。舍弃现成利益面向未来之时,新的道路可能还没有打通,所以试图发现新道的先驱有很大的可能变为先烈。于是可以发现,至善和"玄德"的取向与水"处众人之所恶"的"上善"特性是一致的。因此,要真能够做到永续创造,一定要有甘于"处众人之所恶"的精神。

现代经济理论根据对风险的态度将人分为风险厌恶者、风险中性者和风险喜好者三种类型。根据这样的划分,在既有利益的盘子里争来争去的其实是风险厌恶者。看来不论古今,这类人都占多数。那些不惧怕风险,经得起败、苦、辱等考验的发明家、创业者,甘于"处众人之所恶",应当属于风险中性甚至风险喜好的类型。显然,追求历变不衰需要舍我其谁的气概和意志。

- **其三,坚持"曲则全"。**

上述对待风险的态度更多的是从结果的不确定来考虑的。实际上,发现和探索道的过程还需要价值观和基本行为准则的坚定支撑才能够走好。由于道的轮廓恍惚,路径和前景不明朗,所以,"为而不争"将是一个非常曲折的过程,仅仅对风险无所畏惧还不够。有多大耐心可以坚持到最后实在是一个巨大的考验。

为了给有志者打气,老子说:"古之所谓'曲则全'者,岂虚言哉!诚全而归之"。意思是,有曲折才会周全,而且真的有古人所说满载而归之事。

怎样理解"曲则全"?换句话说,老子为什么要人们甘愿舍近求远呢?

以哥伦布发现美洲新大陆的故事为例来说明。哥伦布原来是一位参加葡萄牙航海大发现计划的航海家。当时葡萄牙的航海计划是越过好望角,经过非洲再向东,寻求新的航路到达亚洲,以便和印度进行香料等贸易。从当时已经普遍传播的地球是圆的说法中,哥伦布大胆设想向西走也能到达东方,从而很快将欧洲人带到东方。但是,哥伦布的新颖提议一直没有得到葡萄牙航海计划组织者的重视。当时面临的主要障碍有两点。一方面,在当时刚刚出现的地球仪上,属于美洲大陆的这个位置还是一片汪洋;另一方面,那些航海知识丰富的葡萄牙专家们认为,向西航行到达东方的实际距离,将远远超过哥伦布的预测,因而困难和成本是无法承受的。

几年后哥伦布取得了刚刚完成国家统一的西班牙女王的支持。在西班牙的资助下,哥伦布于1492年8月3日带领三艘帆船开始了向西的航行。为了减少船员因离开陆地太远而产生的恐惧,哥伦布偷偷调整计程工具,每天都少报一些航行里数。然而,走了两个月后,大海还是望不到边。10月10

> 夫唯不争,故天下莫能与之争。古之所谓"曲则全"者,岂虚言哉!诚全而归之。(二十二章)

日,不安和激愤的船员们声称继续西行就将叛乱。在激烈争论后,哥伦布提议说再走三天,三天后如果还看不见陆地船队就返航。幸运的是,之后的第三天,曾经反对他的水手在桅杆上高喊:"陆地!"虽然哥伦布至死都认为他到达了印度,但事实上,他到达的是一块欧洲人从来都不知晓的新大陆。

哥伦布到达东方的愿望最终由麦哲伦率领的船队在环球航行中得以完成。虽然哥伦布向西达到东方的实际距离要比绕行非洲大陆远得多,但相比下来,哥伦布发现的新大陆给西班牙带来的好处远远要丰厚于原来到达东方控制香料贸易的航海计划初衷。在那之后的160年内,西班牙从美洲得到了18 600吨注册白银和200吨注册黄金。到16世纪末,世界金银总产量中有83%被西班牙占有。

而有趣的是,正是葡萄牙专家做出的正确判断,使葡萄牙丧失了一次历史机遇。葡萄牙国王事后曾后悔不已。

所以,直未必有利。曾经有个报道说,有位56岁的美国妇女用了25天游泳横渡了大西洋。看起来这比哥伦布的船队花了两个多月时间才发现海岸线在效率上要高出了许多,但这样的横渡除了创造一个纪录之外没有带来什么收获。

现实中,很多创业家之所以取得巨大成功都是因为他们走了一条在别人看来离成功很远的弯路或者偏离成功方向的歧路。例如,马云从小学习成绩不是很好,因此他考了三次大学才进入一所非重点大学学习。但他喜欢英语,在中学期间就经常清晨跑到西湖边上找老外聊天,大学期间更是每天都跑到宾馆门口跟外宾对话。然而,正是这个当时国内英语教育普遍忽视、在应试教育体系看来是走了弯路的口语交流能力,加上与生俱来的胆略,让马云日后有机会到美国见识了互联网而创办了阿里巴巴,也才有机会接触到孙正义、杨致远等投资人让阿里巴巴获得资本助力而实现快速发展和向各相关领域的扩张。

在理论上,坚持"曲则全"的合理性在于:一方面,道之所在的模糊性,决定了其实谁也不知道直道或者正确的方向在哪里。过于直接的精明算计只能让创新创造无从起步或者格局受限。另一方面,也正因为曲折,才有更大可能在更大范围、更广领域里有意外的重大发现或者系列发现,特别是那些簇生的道群。因此,"曲则全"是建立在"道生一,一生二,二生三,三生万物"生生不息客观演化基础之上的道的发现规律。永续创造的确需要靠这样的信念支撑坚持下去。

总之,"不争""处众人之所恶"和"曲则全"构成永续创造之德的基本行为准则。

附:本讲对应的《道德经》原文及其译文

7.1 生而不有

【原文】

故道生之,德畜之;
长之,育之,亭之,毒之,养之,覆之。
生而不有,为而不恃,长而不宰。
是谓玄德。

(五十一章)

【译文】

物由道所生,德所养;
经过抚育成长,走向成才、成熟,最后在养护中覆亡。
孕育而不占有,造就而不自恃,抚养而不主宰。
这就是最高深的德。

7.2 上善若水

【原文】

上善若水。
水善利万物而不争,处众人之所恶。
故几于道。

(八章)

【译文】

最高境界的善行像水一样。

水流向大家都不愿意去的低下之处,给万物带来好处而不争利。
所以很接近道的特性。

7.3 为而不争

【原文】

天之道,利而不害;
圣人之道,为而不争。
(八十一章)

【译文】

自然界的规律是,增益而不加害;
圣人的行事规则是,创造而不争夺。

【原文】

夫唯不争,故天下莫能与之争。
古之所谓"曲则全"者,岂虚言哉!
诚全而归之。
(二十二章)

【译文】

坚持不争,天下谁也无法与其争。
古时候所谓"因曲折而周全"的说法,怎么会假?
真的是满载而归呵。

第三篇 如何思考历变不衰？

为实现历变不衰而不断弃旧图新、永续创造是常人不愿意做的难事。既然你选择勇敢地接受挑战，当然就要努力做好。那么，接下来再看，《道德经》有什么好的方法能提供帮助？那就是辩证、理性和边际的思维：聚和为上，不走极端；理性决策，助你走远；适时权变，趋于圆满。

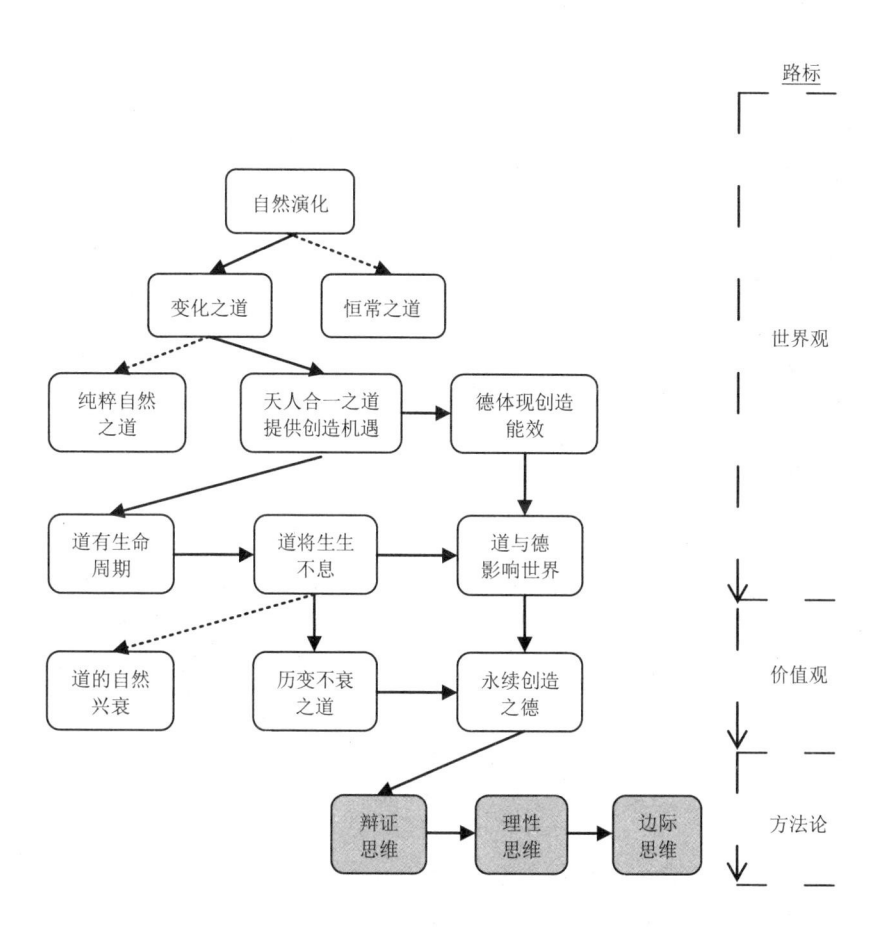

```
                         自然演化
                        ↙      ↘
                   变化之道    恒常之道
                   ↙     ↘
           纯粹自然    天人合一之道  →  德体现创造
             之道      提供创造机遇        能效
              ↓           ↓               ↓
           道有生命  →  道将生生    →   道与德
             周期       不息           影响世界
              ↑          ↓               ↓
           道的自然    历变不衰    →   永续创造
             兴衰       之道            之德
                                        ↓
                        辩证  →  理性  →  边际
                        思维     思维     思维
```

路标 — 世界观 — 价值观 — 方法论

第八讲·辩证思维

由道在规律制约下不断生变的世界观决定,在老子看来,事物都是由相互依存的对立因素构成并不断发展演化的,而且这些演化结果对人类来说是有积极与消极之分的。所以,对历变不衰之道的追求首先需要掌握辨明事物演化规律和方向的基本方法。对此,老子在《道德经》中精辟地列举了很多现象来加以归纳。梳理其中的侧重点,可以分离出其辩证思维方法的四个核心观点。

- **其一,事物内部总是存在相对矛盾或者互斥的因素。**

由于事物是在不平衡中发展演变的,于是就有了"美"与"恶"、"善"与"不善"、"长短相形,高下相盈,音声相和,前后相随"等相对而言的差异或者矛盾。这种差异和矛盾的产生是一个很自然的过程。例如,当人们普遍比较喜欢某种脸型、肤色、身材或打扮的时候,其他脸型、肤色、身材或者打扮就被归入了丑陋甚至让人厌恶的行列。

> 天下皆知美之为美,斯恶矣;皆知善之为善,斯不善矣。故有无相生,难易相成,长短相形,高下相盈,音声相和,前后相随。(二章)

- **其二,事物内部的矛盾或互斥因素相互依存。**

在"祸兮福之所倚,福兮祸之所伏。孰知其极?其无正也"这段话里,老子非常鲜明地指出祸福相依相伴而不存在绝对分离的极端情形。

生活中真的是这样吗?

比如,刚刚获得一项让人喜出望外的订单或者成绩的某

> 祸兮福之所倚,福兮祸之所伏。孰知其极?其无正也。正复为奇,善复为妖。人之迷,其日固久。(五十八章)

人,头脑会随之感到非常亢奋。这时,无论做什么事都有可能失去平常的状态。如果正在开车,那就可能发生事故。不过,一个小的操作失误往往又会使当事人头脑恢复清醒,开始变得谨慎。当然,他本人也可能十分克制。但即使如此,也有其他人将之作为觊觎或者争抢的对象,或者利用这个机会来阿谀奉承试图从中捞取个人好处。不过,如果他能够认识到祸福相依的道理,别人的觊觎可以成为再接再厉的鞭策,别人的阿谀也可以成为他愿意与人分享成果以扩展自己事业的动因。

再拿早些年著名的美国安然公司财务舞弊案来说,可以看到企业经营中更是如此。安然公司的主营业务是能源市场中介交易服务。它的服务对象有两方。一方是能源产品的生产者,如从事天然气开采的企业;另一方是能源产品的消费者,如使用天然气来发电的企业。这两方都不喜欢能源价格的大幅波动,因而安然提供的远期合约交易能够帮助它们锁定价格和转移风险。由于大受市场的欢迎,安然很快成为世界上最大的能源交易商和华尔街竞相追捧的宠儿。

但是在这显然是为客户和社会造"福"的快速扩展背后却也以相应的速度在孕育着"祸"根。按照安然的交易模式,如果一个卖方同意安然提出的在一个特定时间交货的天然气牌价,该卖方可以立即出售天然气给安然。安然在取得了天然气大宗合同的所有权之后,就需要寻机出售给适当的买方。而这一买一卖之间的持有期就往往需要安然垫付资金和支付相应的利息。当交易规模越来越大以及市场普遍看空而卖出时,安然对现金的需求就会急速膨胀。

不幸的是,收入和股价的高速增长让安然的管理层冲昏了头脑,与此同时在宽带网络、能源运输、供水发电等领域进行的盲目多元化投资又把现金挥霍一空。为了弥补这个日益扩大的窟窿,安然公司就开始通过关联企业和资产证券化等隐瞒负债的方式来融资。到破产前夕的2001年10月其资产负债表上出现了高达6.18亿美元的缺口。随着财务舞弊的真相被人揭露,总收入超千亿美元、连续4年被评为"美国最具创新精神的公司"的安然公司黯然倒下,从而完成了"祸"从"潜""伏"到爆发的过程。

- 其三,事物内部的矛盾或互斥因素形成的依存关系状态会相互转化。

　　随着外部环境的变化和矛盾因素的相互作用,事物内部矛盾的依存关系还会相互转化。"有无相生,难易相成"、"正复为奇,善复为妖"都是这种转化关系的概括。下面试各举一例来加以说明。

　　根据道的生命周期有限和无穷演化的性质,从"无"到"有"然后"逝"而变"无"是一个循环往复的转化过程。就拿中国国内手机市场来说。2006年以后若干年都是诺基亚、三星等跨国品牌占居主导地位。但以波导、夏新和TCL等手机厂商为代表的国产手机品牌曾经于2003年前后一度快速崛起,所占有的市场份额最高时达到了近六成。遗憾的是,没过多久,上述国产品牌手机企业在跨国品牌的反攻下陷入了库存大量积压和严重亏损。

　　我们看到,在上述过程之初,国内品牌手机厂商无论是上游零部件采购还是下游分销零售都面临无法逾越的门槛,处在"无"市场商机的状态。而这时,诺基亚等跨国品牌把注意力放到了当时认为很快普及的3G即第三代移动通讯上,忽视了新兴市场对2G服务的迫切需求。与此同时,2G手机关键部件的生产工艺日益成熟,采购渠道变得畅通。还有,二三线城市的分销渠道也是跨国品牌的软肋。于是,国内品牌手机厂商就"有"了机遇并抓住了它。它们借引入国外成熟芯片和设计方案来组织整机的生产以及通过自建销售渠道而赢得了市场。但当跨国品牌手机厂商返回来借彩屏、拍照和智能等技术上的优势冲击2G市场时,波导等国内品牌手机厂商由于取得暴利后盲目扩产和多元化发展而跟不上技术的发展,又丢掉了市场。于是,"有"又"生"出了"无"。

接下来看"难易相成"。通常我们做以前没有遇到的事情，都是采取先易后难的策略。但在把简单的部分处理完之后，我们终须面对复杂困难的部分。这就是"易"引出了"难"。而难题的解决又离不开"易"。通过化难为易取得突破也是一个普遍适用的路径。于是，"难"又促成了"易"的作用发挥。

"正复为奇"在生活中非常常见。今天位居主流的东西明天可能变得怪异或者另类。比如，21世纪的前十几年，企业界特别流行价值链分拆即剥离出制造环节，纷纷涌向做专注设计和品牌营销的哑铃型企业以避免陷入所谓"微笑曲线"的低回报区域。这时要是谁仍想坚守制造业务往往会被认为思维不合时宜。这种传统的改变就是一次从视从事制造为"正"而变为"奇"的转化过程。不过，有少数企业不愿随大流，试图走出一条化腐朽为神奇的道路。它们放弃做自主品牌的想法，专门接收代客加工的业务。通过并单和扩大原料采购规模等方式实现规模经济效应，结果获得比多数选择外包制造环节谋求打造自有品牌的企业还高的盈利。显然，这又是把脱离制造一概视为"正"的观念转化为"奇"的转向过程。我们看到，如果一个国家的制造业企业普遍选择脱离制造，最终会尝到产业空心化的恶果。所以原本的制造大国的政府在2008年金融危机之后相继推出类似的计划试图摆脱这种局面。例如，美国借助3D打印技术和智能制造技术推出再制造业化、德国借助工业物联网提出的工业4.0和中国紧随其后制定的《中国制造2025》等。

"善复为妖"也是这样。"善"常用于对品行进行赞赏以及能力擅长做出肯定两种场合。"妖"则指反常的事物或现象以及害人的怪物。

在品行赞赏场合中，"善"如何变得"妖"了呢？我们通过2009年发生在某市的钓鱼执法事件来理解其发生机制。城市交通执法人员查处非法营运，本是担负维持交通运营秩序保护出租车运营单位经济权益的责任。为了加大打击非法客运力度，有关政府部门规定现场录音、录像可作为有法律效力的证据。并推出了打击黑车有奖举证办法,凡成功举报一辆黑车,可以从高额罚款中分得500元奖励。正是这个可以层层分肥的奖励政策,以及上级部门下达的查处指标,促使事情发展彻底走向了反面。负责组织查处的"钩头"雇用闲散人员担任"钩子"故意设计陷阱,冒充犯病乘客,博取驾车人的同情心获得搭载,继而诬陷其非法营运,处以高额罚款。这种做法既严重损害了政府的公信力,也让公众日后无人再敢心生善意。所以这个事件在两个层面上导致"善复为妖"的不良结果。一个是在政府的行政执法层面,从履行法定职责行"善"变成了违法诬陷作"妖";另一个是在大众的社会伦理层面,从助人为乐行"善"变成了"与我何干"作"妖"和处处提防诱饵被"妖"。

在能力肯定场合,"善"也是可以变为"妖"的。比如说,一所学校以其校园美丽著称。经过媒体的宣传和旅行社的推介,每个到访该校所在城市的游客都想进去一睹其芳容。结果,校园里到处都是游客成群的身影,师生因感觉教学和生活受到了打扰而抱怨连连。

在品行赞赏和能力肯定同时兼具的场合,类似的情况也可能发生。2008年金融危机发生后,中国政府推出了进一步扩大内需、促进经济增长的十大措施,启动了4万亿元的投资计划。这项经济刺激计划对于缓和国际金融危机冲击做出了重大贡献,也体现了中国经济的强大实力。但是,在为了救经济"出手要快、出手要重"的背景下,4万亿元的巨资只能由各级政府集中投入以铁路、公路、基础设施为代表的项目上,结果这场大规模投资导致很多相关行业形成了大量短期内难以消化的过剩产能。

矛盾的相互转化决定了客观上也存在与"善复为妖"相反的现象。比如上述学校面对游客冲击校园秩序的问题,不是将大门一关了之,而是采取人性化的游览道设计和招募学生志愿者在提供导游服务的同时有意识地加以引导,反而又将游客带来的困扰转化学校品牌形象推广的一个有效措施。

● **其四，事物内部矛盾的相互作用可转化为聚和效应。**

矛盾因素的相互依存或者矛盾的统一体并不意味着就是互斥因素的斗争和内耗，在一定条件下通过矛盾因素之间的相互作用可转化为聚和效应。比如，在"曲则全，枉则直，洼则盈，敝则新，少则得"中，"曲""枉""洼""敝""少"对应着直、平、凸、兴以及多等互斥的另一面。老子认为，虽然存在这样的矛盾，但恰当调整它们之间的相互作用关系则能够产生"全""直""盈""新""得"的效果。由于这些效果是经过融合矛盾各方彼此积极促进和互补的交互作用形成的，它们的出现标志着事物及其与人的关系在此时达到了最为和谐有利的状态，故我们称之为聚和效应。当然，也有出现矛盾交互之后产生负面的互斥效应的情形，比如"多则惑"。

前面讲过"曲则全"的历史故事。这里就"敝则新"举个例子来加以说明。通常在一些流行期较短的服装或消费类电子产品行业，企业内心总是希望老款产品能够卖多一些、卖久一些以降低分摊在每件产品的设计、定型、开模等固定费用，但是迫于市场上竞争品和替代品不断更新的压力又不得不加快新款产品的推出以避免自己的产品老化过时。此时，老款产品与新款产品之间往往在定价上陷于如下矛盾：延迟新品推出，老款产品很可能会出现滞销，尔后又必须按淡季甩货价销售；加快新品推出，老款产品又不得不降价清库。这背后的关键是老款和新款的交替时机影响着定价。早或晚都会影响老款产品的收益。但要掌握恰当时机，比如预测什么时候消费者对老款产品失去兴趣和什么时候对手会推出更有竞争力的产品则难而又难。

一些企业认识到新与旧的上述矛盾其实可以在更高的层次上化为聚和效应。比如西班牙的服装品牌 ZARA 就采取多款少量强制主动按时更新的策略，内容包括快速捕捉市场流行元素，缩短设计周期，大大增加上市款式，同时限量生产每款产品等。这样就保证了其每款产品都能处在时尚流行的

曲则全，枉则直，洼则盈，敝则新，少则得，多则惑。是以圣人抱一为天下式。（二十二章）

高峰期而不陷入过时老旧。ZARA 由此一跃而成为"快速平价时尚"的服装巨头。类似的以主动让产品过时来保持产品新颖的案例还有英特尔在 CPU 上"始终领先两步"产品升级策略和三星根据"生鱼片"理论开展的数字产品经营策略。概括起来,"敝则新"达成聚和效应的奥秘在于限量或限期主动淘汰老款产品从而使在售的产品保持新颖。这也符合在每款产品上"不欲盈"而在动态实现盈利能力最佳的原则。

　　总结起来,老子所举例中出现的互斥和聚和的两种效应,都是通过矛盾的两个方面力量的不同对比调整而形成的。"物或损之而益"告诉人们,通过适当增加原本不利因素的强度获得的反而是有益的结果,从而产生聚和效应。"或益而损"则相反,到了一定程度之后还继续增加有益因素的强度,结果是适得其反的消极的互斥效应。

人之所恶,唯孤、寡、不谷。而王公以为称。故物或损之而益,或益之而损。人之所教,我亦教之:强梁者不得其死。吾将以为教父。(四十二章)

　　生活中常有这样的例子发生。比如,对于子女的人生道路,每个家长都祈求顺利而不愿接受坎坷。但对于子女来说,小时候适当经历一些坎坷或者接受必要的挫折教育反而有助于激发其斗志而取得事业的成功,故有"逆境出人才"之说。而那些处处得到呵护没有受过任何挫折的孩子就像温室中的花朵,走进社会一旦遇到大的风浪就比较容易自暴自弃,故"富不过三代"现象十分普遍。

　　综合前面的内容,可以发现老子在《道德经》中已经有了后来由德国哲学家黑格尔(1770—1831)所概括的辩证法思想的完整轮廓:有关矛盾的存在性和依存性的观点对应着辩证法的对立统一规律;有关道的生命周期阶段划分对应着辩证法的量变到质变规律;有关矛盾相互转化的观点对应着辩证法的否定之否定规律。

　　难能可贵的是,老子还在矛盾相互依存或对立统一的论述之上,对事物内部对立统一的状态区分出了聚和效应与互斥效应。这与他在天人合一之道的世界观基础上为人类设定历变不衰的理想目标分不开,因为人的创造性参与需要一个积极的价值目标指向。老子把矛盾的聚和效应概括成"得一",并指出了矛盾的聚和效应的存在和意义。

"得一"的"一"当然不是孤立片面的只执"一"端,同时也还不是简单的对立统一或者合二为一。虽然受古时条件限制缺乏科学论证,但老子还是列举了天、地、神、谷、万物和侯王等六个"昔之得一者"作为他推理的依据。重要的是,在"天得一以清;地得一以宁;神得一以灵;谷得一以盈;万物得一以生;侯王得一以为天下贞"里,"清""宁""灵""盈""生"和"天下贞"都描述的是事物内部矛盾的聚和效应或所达成的最佳、最和谐的状态。所以,"得一"就是得到或者实现了聚和效应。

如果不能实现"得一",那么矛盾在对立统一体中产生的就是不利的互斥效应。因为互斥是一个相对的状态,老子就以最极端的分裂结果作为参照,说"天无以清,将恐裂;地无以宁,将恐发;神无以灵,将恐歇;谷无以盈,将恐竭;万物无以生,将恐灭;侯王无以贵高,将恐蹶。"也就是说,如果不能实现"得一"的聚和效应,就很可能导致对立统一体的严重互斥甚至彻底分裂。其中"恐"表明分裂是"得一"不成后的一种可能性,因而在"得一"和分裂之间还存在一个比较差的互斥状态。这从一个统治王朝自得到百姓拥戴而建立政权到被最终推翻之间还有一个统治与反抗的长期拉锯式维系过程的现象中容易得到理解。

但是,"得一"难以一蹴而就,往往需要通过持之以恒的事物矛盾转化过程而获得,甚至只能作为事物运动过程的终极目标来追求。老子以"天下莫柔弱于水,而攻坚强者莫之能胜"为例证来做说明。水可以说是最柔弱的东西,但没有什么东西比它更具有攻坚能力。具体以水滴石穿现象来看,水和石一软一硬,一柔一刚。静态孤立地看,水处在不利或弱势的一边;但从动态上看,只要水作为一个整体始终不放弃努力,最终可以达到把石滴穿的制胜结局。"得一"在这个例子里既是事物运动过程的终极目标也是事物矛盾演化的完结。

而这个"弱之胜强,柔之胜刚"而"得一"的道理正好适用于对历变不衰目标的不懈追求:在天人合一之道的演化过程

昔之得一者:天得一以清;地得一以宁;神得一以灵;谷得一以盈;万物得一以生;侯王得一以为天下贞。其致之也,天无以清,将恐裂;地无以宁,将恐发;神无以灵,将恐歇;谷无以盈,将恐竭;万物无以生,将恐灭;侯王无以贵高,将恐蹶。故贵以贱为本,高以下为基。是以侯王自谓孤、寡、不谷。此非以贱为本邪?非乎?故致数舆无舆。不欲琭琭如玉,珞珞如石。(三十九章)

天下莫柔弱于水,而攻坚强者莫之能胜。其无以易之。弱之胜强,柔之胜刚。天下莫不知,莫能行。是以圣人云:"受国之垢,是谓社稷主;受国不祥,是为天下王。"正言若反。(七十八章)

中,由于创造的方向和空间是由道决定的,所以人是相对弱势的一方。但是,人如果有了水那样的柔性,放弃一蹴而就或以硬碰硬的幻想,通过"不欲盈"不断弃旧图新,以保证每一次都能及时转换到新的道上,最终实现历变不衰的长远目标。由于只有"弱之"和"柔之"才有助于达到历变不衰,所以"弱之"和"柔之"不仅仅是人相对自然所处的客观状态,而且更是对人行为的主观选择的强调。这也就是调整矛盾对立因素作用强度的对比而实现聚和效应的取向。照此,要实现历变不衰,人类需要把自己从追求强大的位势适当调整回"弱"势的地位,让自己变"柔"而灵活应变。由此,"弱之胜强,柔之胜刚"的辩证思维在哲学上为"不欲盈"以获得历变不衰之道提供了理论基础。

这个看起来人人都懂的道理不是谁都可以付诸实行的。老子感叹道,"天下莫不知,莫能行"。但正是因为一般人难以做到,所以反衬出能够践行"弱之胜强,柔之胜刚"的有道者的存在价值。当然,对他们来说,"弱之"和"柔之"意味着要承受整个国家的耻辱和凶险,才可以承担得起领导国家的重任:"是以圣人云:'受国之垢,是谓社稷主;受国不祥,是为天下王'。"换个说法,如果不是需要人来承受耻辱和凶险,一个组织要领导人或统治者干什么?话虽刺耳苛刻,却是真言。这里的"正言若反"正是老子辩证思维的具体体现。

为了实现"得一",老子要求有道者要把"抱一"作为"天下式"即基本的思维方式。"抱一"就是努力拥抱追求"得一",即在思想认识上把事物作为对立统一体看待,且在变化中始终抱有追求聚和效应的信念并采取相应的积极态度。

为此,老子规劝那些高高在上的王公贵族要以底层百姓为本。之所以"人之所恶,唯孤、寡、不谷,而王公以为称",就是因为"贵以贱为本,高以下为基"。没有了底层百姓,也就没有了王公们的统治基础。如果王公们已经拥有至高无上的权力,还试图将一切利益和名誉都归于自己,那么到头来会因无人拥护而什么都得不到。这也就是"致数舆无舆"的辩证关系。"舆"在古语里指车。那么"致数舆无舆"是说,一个人想同时走向数辆车,到头来可能连一辆车都没办法到达。这个比喻可以用来说明,王公贵族既想占有一切财富和权力,又想获得底层百姓的拥戴以致国家的长盛不衰是不可能的。

基于"致数舆无舆"的道理,老子建议那些作为统治者的侯王们,一是要大兴朴实之风,"不欲璐璐如玉,珞珞如石"。二是不要走极端。要放弃不现实的好处占尽、赢家通吃的想法。事物内部矛盾因素相互依存的特性要求兼收并蓄,不能只取其一。特别是不要只顾自己享乐,而忘了底层劳苦大众。为此,老子说出"强梁者不得其死"的重话,要求以此作为"教父"即教学中要求大家都要做到的准则。

老子的上述辩证思维有助于认识道生生不息不断更替的演化规律并领略到"得一"的历变不衰理想境界,为"抱一"的永续创造之德提供思维方法论的基础。

附:本讲对应的《道德经》原文及其译文

8.1 有无相生

【原文】

天下皆知美之为美,斯恶矣;

皆知善之为善,斯不善矣。

故有无相生,难易相成,长短相形,高下相盈,音声相和,前后相随。

(二章)

【译文】

众人皆知什么是美,于是就有了丑;

皆知何以为善,于是就知道什么行为不善。

所以,有和无是相互转化的,难和易是相互促成的,长和短是相比显现的,高和下相较而产生余缺,音和声相和,前和后相随。

8.2 福兮祸兮

【原文】

祸兮福之所倚,福兮祸之所伏。

孰知其极?

其无正也。

正复为奇,善复为妖。

人之迷,其日固久。

(五十八章)

【译文】

祸旁伴着福,福中藏着祸。

谁见过无祸之福或无福之祸?

不存在单纯的一面。

正常会变得怪异,善良又转向邪恶。

人们对此不解已经很久了。

8.3 昔之得一

【原文】

昔之得一者:

天得一以清;

地得一以宁;

神得一以灵;

谷得一以盈;

万物得一以生;

侯王得一以为天下贞。

其致之也,

天无以清,将恐裂;

地无以宁,将恐发;

神无以灵,将恐歇;

谷无以盈,将恐竭;

万物无以生,将恐灭;

侯王无以贵高,将恐蹶。

故贵以贱为本,高以下为基。

是以侯王自谓孤、寡、不谷,
此非以贱为本邪？非乎？
故致数舆无舆。
不欲璐璐如玉,珞珞如石。

(三十九章)

【译文】
以往能实现聚和的有：
天聚和得以清；
地聚和得以宁；
神聚和得以灵；
谷聚和得以满；
万物聚和得以生长；
侯王聚和得以受百姓拥戴。
其必要性在于,
天不能清湛恐怕会崩裂；
地不能安宁恐怕会坠落；
神失灵恐怕会失去信众；
川谷不能盈满恐怕会干涸；
万物不能生长恐怕会毁灭；
侯王没有人跟随恐怕会被颠覆。
所以,贵以贱为本,高以下为基。
侯王自谦孤寡、绝后,
这不正是说明要以低贱为本,不是吗？
因此,同时追逐索取一切好处,到头来会什么都得不到。
不求美玉般富贵华丽,要像石头一样朴素坚实。

8.4 柔能胜刚
【原文】
天下莫柔弱于水,而攻坚强者莫之能胜。
其无以易之。
弱之胜强,柔之胜刚。
天下莫不知,莫能行。

是以圣人云:"受国之垢,是谓社稷主;受国不祥,是为天下王。"

正言若反。

(七十八章)

【译文】

天下万物没有比水更柔弱的了,然而论攻克坚硬物体没有什么能胜过水。

没有东西可以替代它。

弱能胜强,柔能胜刚。

人人都知道,但却没人能付诸实践。

所以有道者说:"能承受国家的耻辱,才称得上社稷领袖;能承担国家的苦难,才称得上天下的君王。"

正话好像是在反说。

8.5　圣人抱一

【原文】

曲则全,枉则直,洼则盈,敝则新,少则得,多则惑。

是以圣人抱一为天下式。

(二十二章)

【译文】

曲折反而周全,屈枉反而伸展,坑洼反而充盈,衰落反而新兴,少取反而多得,贪多反而无所获。

所以聚和应该成为天下圣人共同的追求。

8.6　强梁者不得其死

【原文】

人之所恶,唯孤、寡、不谷。

而王公以为称。

故物或损之而益,或益之而损。

人之所教,我亦教之:

强梁者不得其死。

吾将以为教父。

(四十二章)

【译文】

人们都不愿意孤、寡和绝后。

而王公却以此为自警。

所以,物或因受损而得益,或因得益而受损。

人们常常用来说教的话,这里也可以拿来施教:

强横蛮干将不知因何而败。

我将以此作为施教的戒律。

第九讲·理性思维

处理事物内部矛盾关系时，常常需要结合历变不衰目标的要求对矛盾转化走向做出判断，这样我们才能做出决策。而以什么思维依据做出判断，就涉及基本的思维方式了。这也是正确理解《道德经》原意的关键之一。

读过《道德经》的读者，当读到"天地不仁，以万物为刍狗"时，应当不难理解。前面提到过，"仁"的基本意思是同情、友爱。在儒学等领域，"仁"还有由对逝去的上位者和长辈表示哀悼而衍生的"克己复礼"之意，用以强调一种尊崇不弃的情感。那么"天地不仁"就是说天地既不会出于同情、友爱也不会像后辈尊崇先人而维护既有礼制一样去停止自己的演化。因为天地没有七情六欲，当然可以把万物像稻草扎成的小狗一样看待，在祭祀后就随意扔弃或者焚烧而丝毫不念及它曾经的功用。

但再看下一句"圣人不仁，以百姓为刍狗"就很可能感觉不对了。

为什么老子要求追求历变不衰之道的圣人也应当"不仁"而"以百姓为刍狗"呢？

老子用橐籥做比喻来说明他的观点。

橐籥据称是古人用来吹风鼓风的皮囊，其形状类似今天仍在翻砂、计算机维护等领域中用来将杂物、灰尘吹走的皮老虎，其主要功能后来被风箱及鼓风机所取代。张开的时候，围成橐籥的皮子之间有一定空隙，各片皮子本身也得到绷直。

> 天地不仁，以万物为刍狗；圣人不仁，以百姓为刍狗。天地之间，其犹橐籥乎？虚而不屈，动而愈出。多闻（言）数穷，不如守中。（五章）

人们使用橐龠时就是使劲挤压两侧的皮，让它们挤到一起而使里面的空气快速排出。橐龠的皮囊腹腔打开得越大，一次排出的空气量越多，所费力气也越多。使用橐龠还可以进行张开和挤压的连续动作，形成持续排出的气流。

"天地之间，其犹橐龠乎？"通过橐龠可以这样联想天地之间的关系：如果张开后没有外力的挤压，天和地之间像各块皮子一样相安无事，各自都按原定的轨迹运行着。但如果有巨大的外力持续地挤压，那么可能就会发生难以设想的可怕后果了。实际上，人与人之间、事物与事物之间的关系也是这样。没有外力去挤压它们，相互都能保持比较宽松但又相联的依存关系。这就是"虚而不屈"的状态。如果你去使劲挤压它们，就会有很多反弹的力量以致机体、思想或行动开始变形。在各种力量的挤压之下，人一般很难有冷静的心态，往往一气之下以一念之差或感情用事的方式造成不良后果。所以说，"动而愈出"。

由此可见，老子的"圣人不仁"提倡的是一种理性思维方式。所谓理性思维，是相对感性思维而言的。感性思维往往根据从既往经历中获得的爱恨情仇等感情因素和当时所处的喜怒哀乐等心理情绪来做出思考和判断，而理性思维则运用逻辑和借助证据对现实和未来的得失进行推理、分析、综合以及比较后做出判断和决策。

具体而言，"信言不美，美言不信"是要人们善于将心里的喜好、尊崇和爱戴等感情因素排除在外，以获得可信的承诺；"善者不辩，辩者不善。知者不博，博者不知"则是告诫人们不要被表象所迷惑，因为表象往往与内涵不一致；"多闻（言）数穷，不如守中"，就是要在众说纷纭中坚持不偏不倚立场不为所动的理性原则。其中"闻"是帛书版的用词。通行本则换一个角度，说"多言数穷，不如守中"。其意思也是告诫当事者本人，与其数落个不停而导致冲动，不如用不偏不倚的冷静态度处事。所以，不管是被动还是主动角度都要求能够坚持理性判断。

信言不美，美言不信。善者不辩，辩者不善。知者不博，博者不知。（八十一章）

为什么老子要强调理性的思维方式呢？

显然，理性思维是辩证思维的必然要求。

其一，由于事物内部都包含着相互依存的矛盾因素，人们在做出判断和决策时必须从矛盾的现实出发，采取不偏不倚的立场。感情用事很容易只取其一面而走极端。

其二，对于复杂的矛盾关系，需要在比较对立统一所产生状态的基础上，理性地选择更为有利的"得一"方向进行努力，才更容易凝聚共识和建立创造共同利益以致"有余以奉天下"的基础。因而理性思维也是追求聚和效应的"抱一"态度的体现。为此，"圣人不仁"的理性思维与圣人"有余以奉天下"为民众谋福祉的使命是一致而不矛盾的。

其三，事物内部矛盾因素的相互转化以致最终的自我否定，要求人们能够理性地去加以适应并采取相应的变革行动。相反，非理性思维或感性思维由于路径依赖的关系，往往导致对于变化的对抗或者消极态度。这就必然导致对历变不衰之道的偏离。

事实上，根据前面的分析，老子有关"不欲盈""为而不争""处众人之所恶""曲而全"等都是基于理性思维的价值观和行为准则选择。

附：本讲对应的《道德经》原文及其译文

9.1 圣人不仁

【原文】

天地不仁，以万物为刍狗；
圣人不仁，以百姓为刍狗。
天地之间，其犹橐龠乎？
虚而不屈，动而愈出。
多闻(言)数穷，不如守中。

（五章）

【译文】

天地不讲尊崇,对待万物就像祭祀后就被扔弃的稻草扎成的狗;

圣人不讲尊崇,对待百姓也像刍狗。

天地之间,不就像是一个鼓风用的皮囊吗?

打开空虚着它不会弯折,去挤动它反而气鼓而出。

与其什么都要听从(数落个不停),不如坚守不偏不倚的原则。

9.2 信言不美

【原文】

信言不美,美言不信。

善者不辩,辩者不善。

知者不博,博者不知。

(八十一章)

【译文】

可信之言不华美,华丽之言不可信。

善行者不善辩,善辩者不善行。

有真知者不广博,显广博者无真知。

第十讲
边际思维

由于事物内在矛盾因素相互作用的强度对比决定着能否获得聚和效应,而且无论多么理想的聚和效应也是会随着时间进程和条件变化而消逝的,所以在天人合一之道的实现过程中,就需要按照理性思维的原则择机进行决策和实施行为的调整。这就提出了在特定的转折点附近的行为方向和方式调整问题。

本讲内容需要一些现代经济学的边际分析知识,故有必要先做些解释。

现代边际分析法是微积分数学中导数概念在经济分析中的一个推广。它的基本定义是每一单位的自变量变化引起的因变量变化,即因变量的增量除以自变量的增量。比如,早饭时吃第一个馒头时获得的满足感最强,接着吃第二个馒头后感觉饱了,如果还要硬吃下第三个可能就感觉有些撑了而不太舒服了。所以,类似的观察运用在消费者效用分析上,边际效用就是每多购买和使用一个单位的产品所增加的效用;运用在成本分析中,边际成本就是每多生产一个单位的产品导致的总成本增加额;运用在收益分析上,边际收益是每多销售一个单位的产品所增加的收益额。

运用边际分析法需要满足三个前提条件。

首先,边际量即因变量的增量会随着自变量的变化而改变。

比如,消费者吃馒头所获得的边际效用最终会随着吃下的馒头数量增加而递减。如果是因变量总是依一个固定不变的速率而变化，那么事情就无转折而无需边际分析法。所以，应用边际方法的第一个前提是非线性的变化率。什么样的事物会适用非线性变化率？那一定是其发展余地受到一定限制的事物。比如之所以吃馒头的边际效用会出现递减现象，是因为我们的胃容量空间是既定的，而且人体分泌出来促进消化的粘液也是有限的。因而吃下去的馒头到了一定数量之后，就开始影响胃部肌肉的收缩蠕动力，长期吃得过多会带来胃动力不足等不良症状从而降低吃馒头的边际效用。进一步地，人的食欲满足还会因味觉等感官的刺激而改变。

其次，能确定临界点作为最优化决策的依据。

通过边际量的观测，可以找到边际量由越来越高到越来越低或者由正到负的转折点，从而有助于实现最大化或者最小化的决策优化目标。

例如，当边际收益由递增转变为递减，意味着总收益的增长速度开始进入越来越慢的递减阶段。对应的临界自变量值就成为以总收益增长最快为目标的决策依据；当边际收益由正转负时，在其等于零所对应的临界自变量值上，总收益水平达到最高点。这可为以总收益最高为目标的决策提供依据；当边际收益继续下降以致总收益值变为零时，累计总收益达到了最高值。以累计总收益最大为目标的最优化在这一临界点上得以实现。

因而，应用边际分析的第二个前提是可以找到临界点以优化决策。

回想一下早上去食堂买馒头时，我们会买几个的情景。如果最后一个馒头让我们感觉最好，那就是总效用增长最快的馒头数量；如果吃下最后一个馒头时感觉已经饱了，那就是达到了总效用水平最高了；如果吃下最后一个馒头感觉已经快要吐了，那就十分饱而达到累计总效用最高点了。虽然依据的目标有所不同，但这说明每个人都会自发地应用边际方法来做优化。

再次,适用于根据所关注变量的变化做出选择。

边际分析总是从现在所处场景出发,考虑下一步增加一个单位的自变量将引起因变量的多大变化以判断自变量的增加是否必要。如果因变量对应一定自变量的增量一经确定就不再变化,那么边际分析就没有太大的应用意义了。正因为受各种环境变化因素的影响,因变量随自变量的增加而产生的变动的大小和方向都处在变化之中,因而即使是做同样的事情,这一次和上一次的结果都可能不同。所以,边际分析应用的第三个前提是关注因变量未来临界变化趋势帮助做出动态的进退选择。

同样在早餐吃馒头的例子里,实际上我们每次都在重新考虑该吃数量的多少甚至还要不要吃馒头本身的问题,原因如下:一是因为头天晚上参加宴会用了大餐所以早上不那么饿;二是准备用餐后要去从事一项耗费体力的运动需要多吃些;三是考虑到新陈代谢随着年龄的增大而放慢吃到"七分饱"就好;四是每天总吃馒头久了感觉腻而生厌,现在碰到其他面食如花卷、油条等,当然愿意换换花样或者搭配着吃;五是食堂或早餐点新推出的花样比如煎饼、汉堡或者面条等营养更丰富、味道更可口,经过感官刺激和其他人的带动,对馒头可能一下子变得毫无兴趣从而不再选择吃馒头。当然选择吃的新早点也一样有个最优数量的问题。

在我们做出调整决策的背后,我们的因变量的增加值相对昨天已经发生了改变。比如原本吃三个馒头的饭量,今天早上不饿想少吃一个,意味着第三个馒头的边际效用已经由原来的正值变成负值。再看第四种情况。在把其他面食折成馒头进行标准化后,当我们把馒头换成花卷,因为馒头吃腻了,所以三个花卷各自带来的效用增量要大于同样次序的馒头。第五种情况也类似。

由此可见,边际分析是一个生活中经常用到的科学决策方法。

回顾道的生命周期阶段性的划分,可以发现道的演化规律和应用场景也满足运用边际分析法的诸个前提条件。

- 其一,《道德经》归纳了道会经历的"无状之状"的潜存、"其上不皦"的萌发、"其下不昧"的成熟、"为道日损"的末尾、"复归无物"的结局等生命周期阶段。

道的势能开发随着生命周期各阶段的演进会经历一个日益扩展的时期,然后再转入一个日益衰减的时期。其中"为道日损"非常明确地指出了其非线性变化率的特征,从而具备应用边际分析方法的第一个前提。而且我们注意到这一特征还是在与"为学日益"所代表的线性变化率对照中提出的。"为学日益"是说对知识的复习总是会在一定程度上加深对知识的理解,因而对应的是一条上升的直线。

- 其二,《道德经》中多处论及作为最优化决策依据的临界点。

比如,"为学日益,为道日损。损之又损,以至于无为"中提到了"损之又损"导致"无为"即舍弃原有努力的选择,因此"损之又损"也是"无为"的动因。再如,"物壮则老,是谓不道,不道早已"中的"不道"标明道将消逝而去从而构成"早已"即及早结束的依据。此外,由于道的生生不息,为了实现历变不衰,老子提出了"不欲盈"的决策原则。

那么在老子看来,什么样的目标及与其对应的临界点符合历变不衰之道的要求呢?

根据"持而盈之,不如其已",我们可以先排除累计总收益最大作为目标及以总收益等于零确定临界值,因为累计总收益达到了绝对的"盈"。如果以累计总收益最大为目标,就是典型的"持而盈之"。

然而要在什么地方"无为"或"早已"呢?

当边际收益等于零而使总收益达到最大时,往往正是事业达到巅峰、成就感进入最强的时点,故这个点符合"物壮"的特征从而也就有了相对意义上"盈"的特征。但这一点又是

持而盈之,不如其已;揣而锐之,不可长保。(九章)

"老"或"损之又损"即边际效益由正转负同时总收益逐步降低的开始。故据此可推断出两点结论,一是"无为"自此开始;二是"早已"的时机要在此之前。

在剩下来的临界点即边际收益由递增要转入递减时,其所代表的总收益增长速度达到最快。在总收益增长最快、总收益最高和累计总收益最高三种情况中,收益增长最快所具有的"盈"的成分显然是最低的。而再比这个临界点更早地实施对原道的退出或放弃,等于还没有将道所提供的主要势能和功效发挥出来,正常情况下不符合理性原则。

所以,根据"为学日益,为道日损。损之又损,以至于无为"、"物壮则老,是谓不道,不道早已"以及"持而盈之,不如其已;揣而锐之,不可长保"的道理,在累积总收益最大、总收益最大和总收益增长最快三个选项中,后两者都可以接受。其中总收益增长最快可以认为最符合老子"不欲盈"准则。此时,事物矛盾的聚和效应表现得最强。与总收益增长最快相对应的临界点或者转折点标志着边际收益由递增转入了递减。相对比较保守的决策目标是总收益最大,其时边际收益由正转负。

如果再宽泛些,在实用中也可以把放弃原道的决策时机设想成一个区间。该区间的最下端对应边际收益由递增转递减的自变量值,最上端则是对应边际收益等于零的自变量值。当变化加快引发原道的生命周期缩短时,最佳退出时机就向最下端方向移动;而环境比较稳定时,最佳退出时机则偏向最上端。一般地,最下端和最上端所对应的时间可以分别称为最早时机和最晚时机。

如此我们可以认为,《道德经》的有关论述与应用边际分析的第二个条件完全吻合。

- 其三,《道德经》不仅要依据最优化临界点来及时弃旧("无为"),还要根据生命周期曲线的非线性变化适时进行调整而图新("无不为")。

《道德经》中同样反映适用于根据所关注变量的变化做出选择的地方,还有"夫礼者,忠信之薄,而乱之首"开始的这一段话。

"礼"是指礼仪制度。礼仪制度是一种要求人们在社会交往中必须遵守的行为规范,它的核心在于维系等级森严的既有社会秩序。具体地,下位者要遵从上位者,遇到利益冲突需以上位者为先。前面在第五讲中讨论过,老子认为礼是人们在道德缺失、仁义失效的情况下所出台的维持等级秩序的手段。

道的生命周期有限性和阶段性特点决定了人们如果不能及时转移到新的道的开发上,就要求助于"礼者"而陷于"忠信之薄,而乱之首"。到了靠礼仪制度来维系秩序的时候,忠诚和信任在人们的交往中已经很脆弱了。这是因为在缺乏道的方向指引和德的创造努力的环境中,人们只能在既有的利益格局中进行初次分配和再分配。一旦有一些外在因素变化比如人口增加、庄稼歉收等冲击到既有利益关系的维系,理性的人势必会开始相互争夺而弃忠信而不顾。于是,社会的混乱就开始出现了。

"前识者,道之华,而愚之始"应作何理解?

"前识"是指已获得或者已积累的知识,特指对于某一个道所代表的发展趋向和势能的了解和认识。从前面"道可道,非常道"和道存在生命周期的内容,我们已经知道,当道可以清晰地描绘言说时,它就开始失去继续发挥作用的基础了。

类似地,通过德对道的发掘积累起来的实践知识,到了丰富和完整的时候,即道的轮廓清晰、德的贡献显著从而荣华皆至的时候,就是道的势能转而衰减的时候。与此同时,有关新道的认识很可能还是恍惚不清的。于是,人们此时实质上又

夫礼者,忠信之薄,而乱之首。前识者,道之华,而愚之始。是以大丈夫处其厚,不居其薄;处其实,不居其华。故去彼取此。
(三十八章)

进入了愚昧无知的阶段。这就相当于在恰如S曲线所代表的道的生命周期中,到了它的最高点,边际收益已开始由正转负,再继续强化既有知识的努力只会让我们更多损失认识把握新道的先机。还是以前面吃馒头的早餐场景作例子。当一个人最习惯也喜欢吃三个馒头的时候,正是他对其他包括更有营养更有益健康的早餐食品最不了解和最排斥的时候。

"前识者,道之华,而愚之始"与"为学日益"不同的地方,在于后者仅限于对一项知识本身的理解和掌握,而前者是把某项知识放在不断出新的知识海洋中让人们领会知识的无限性和及时更新的必要性。

由此可见,老子把"道之华"与"愚之始"作为一个事物的两个侧面来看待,不能简单地理解成让人变蠢或变傻。而实际上,老子在此讲述了一个既有的知识要及时归零的道理。归零并非是要消除记忆,而是把先前积累但不适用于新道的知识放下,重新回到零公里处向新道进发。通过不断归零,一个人所拥有的知识不仅能够日益丰富,而且可以保持新鲜。

接下来,为什么"大丈夫"要"处其厚,不居其薄;处其实,不居其华"?

这要回到道的生命周期阶段划分以及德与道的对应关系上去。"含德之厚,比于赤子"告诉我们,德的厚重在于道的生命周期最初阶段。而"物壮则老,谓之不道,不道早已"又指出,到了道的生命周期后段,德已经变得很薄即没有什么贡献了。有志成为"有道者"或"圣人"的"大丈夫"建功立业,自然应当是在最为困难也最为厚重的地方,就像战士建功立业的地方是疆场一样。所以说要"处其厚,不居其薄"。同样的,道的生命周期后段功德尽显,人们可以尽情享受成功的喜悦和荣华,但道的生命周期之初则需要的是踏踏实实的探索努力。这也就是"处其实,不居其华"的内涵。

这样,我们看到,老子的道有生命周期且生生不息的世界观和"不欲盈"的永续创造价值观,决定了必须以每个阶段的变化特性作为最优决策的依据。其中虽然没有精确的数学表达,但也实质性地运用了后世称为"边际分析"的思维方法。从现代边际分析法的角度看,老子提出的事物在不同时间点发生转化以及在不同阶段应做出不同选择的上述观点与其相当吻合。如果撇开时间上的先后,《道德经》甚至可以说开创了边际分析思维的一个应用范例。

如果细心留意,可以发现边际思维方法的相关运用几乎覆盖了《道德经》全书的各个角落。可能读者会抱怨老子说,也不随处提示一下,害得人莫名其妙甚至误读。其实,学习过微观经济学的读者也有类似的体会。教材里讲完了边际收益递减的概念以后,基本上就不会再提示说,收益曲线还有边际收益递增这回事。正所谓矫枉过正,为了扭转人们只关注递增而忽视递减的习惯思维,给读者带来了递增消失的错觉。

此外,边际分析是与《道德经》中鲜明的辩证思维和理性思维相呼应和配套的思维方法。

老子的辩证法思想告诉我们,事物发展服从对立统一、由量变到质变和相互转化的规律,在事物矛盾的演变中存在聚和效应,人们需要理性地进行权衡和比较而做出决策以便实现"得一"和历变不衰的理想结果。但量变到质变、相互转化以及出现聚和效应的转折点在什么地方,就需要进行比较准确地定量测量。边际分析方法的运用可以帮助识别出转折点,促使决策者以转折点为分界线,在转折点的两侧采取不同的策略和行动以实现最优化目标,这便是边际思想的真正意义。比如说,前面讨论过的"物或损之而益,或益之而损"以及"弱之胜强,柔之胜刚"也都是很好的应用例证。

所以,在非线性的复杂环境中,缺少了边际思维,辩证思维和理性思维就会变得空洞。至此可以说,老子为指导在道生生不息演化的世界开展永续创造的需要,运用十分严谨的推理,建立了一套由辩证思维、理性思维和边际思维组成的方法论体系。

附：本讲对应的《道德经》原文及其译文

10.1 持而盈之不如其已

【原文】

持而盈之,不如其已;揣而锐之,不可长保。

(九章)

【译文】

持续到盈满,不如已经结束;把刀藏在衣袖里,也无法长期保持锋利。

10.2 道之华愚之始

【原文】

夫礼者,忠信之薄,而乱之首。

前识者,道之华,而愚之始。

是以大丈夫处其厚,不居其薄;

处其实,不居其华。

故去彼取此。

(三十八章)

【译文】

到了要依赖于礼制的时候,人与人之间的忠诚和信任程度已变得很薄弱,而这就是陷入混乱的开端。

先前累积的知识,代表着道的荣华,但也是愚昧无知的开始。

所以,大丈夫应选择厚重之处,而非轻薄之处;

选取实质,放弃浮华。

需要如此选择。

第四篇　如何开展永续创造？

有了价值观的驱使和方法论的指导，永续创造该付诸行动了。如同个人发展要制订职业生涯计划、企业和国家发展要制定战略一样，永续创造也要求制定相应的纲领和步骤。这样才能在复杂多变的环境中保持清醒头脑而不迷失方向。当然，《道德经》中已经为我们准备了包括使命、责任和基本实施步骤在内的整套方案。

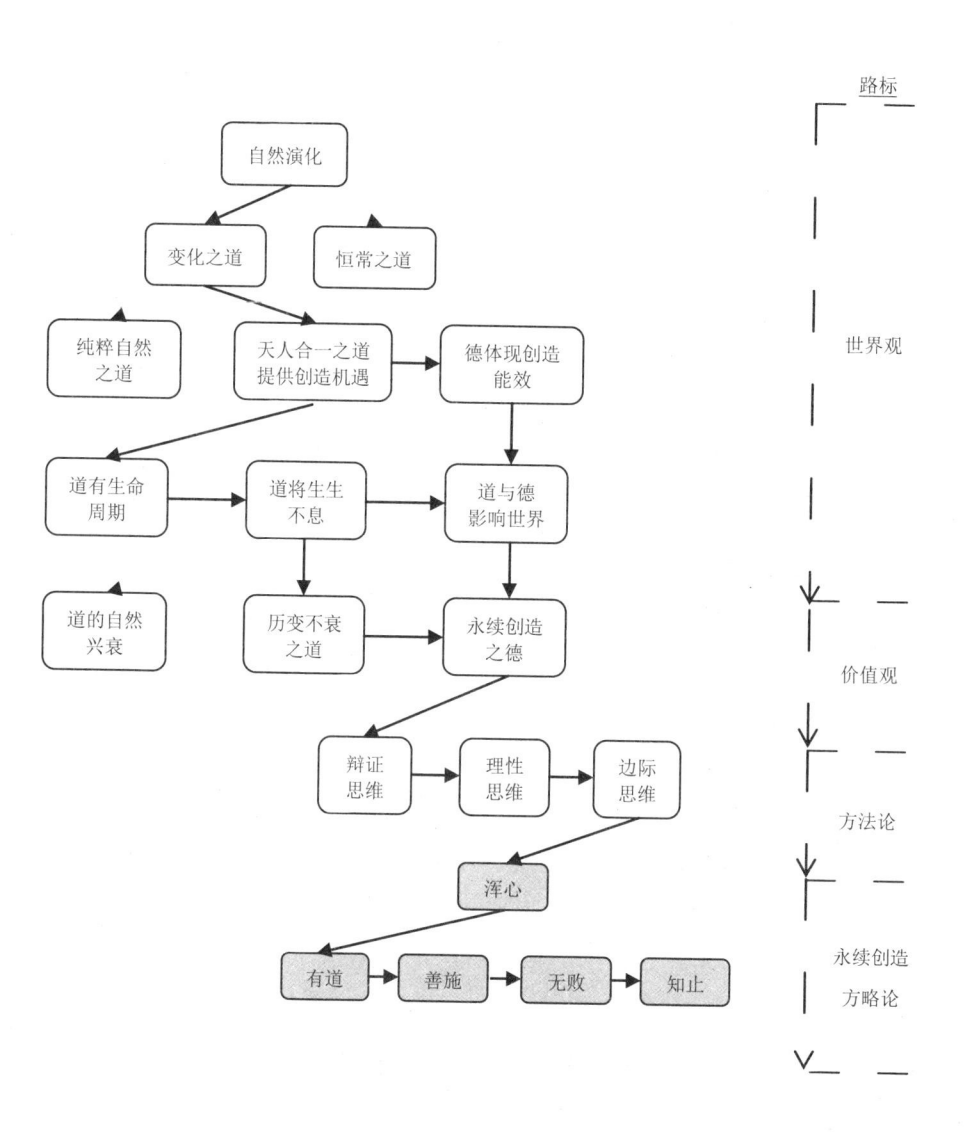

```
                    ┌──────────┐
                    │ 自然演化 │                              路标
                    └──────────┘
                     ↙        ↘
              ┌────────┐   ┌────────┐
              │变化之道│   │恒常之道│
              └────────┘   └────────┘
               ↙      ↘
   ┌────────┐  ┌──────────────┐  ┌──────────┐
   │纯粹自然│  │天人合一之道  │→ │德体现创造│      世界观
   │  之道  │  │提供创造机遇  │  │  能效    │
   └────────┘  └──────────────┘  └──────────┘
        ↑            ↓                ↓
   ┌────────┐  ┌──────────┐  ┌──────────┐
   │道有生命│→ │道将生生  │→ │道与德    │
   │  周期  │  │  不息    │  │影响世界  │
   └────────┘  └──────────┘  └──────────┘
                     ↓              ↓
   ┌────────┐  ┌──────────┐  ┌──────────┐
   │道的自然│  │历变不衰  │→ │永续创造  │      价值观
   │  兴衰  │  │  之道    │  │  之德    │
   └────────┘  └──────────┘  └──────────┘
                                    ↓
                   ┌──────┐  ┌──────┐  ┌──────┐
                   │辩证  │→ │理性  │→ │边际  │  方法论
                   │思维  │  │思维  │  │思维  │
                   └──────┘  └──────┘  └──────┘
                                          ↓
                              ┌──────┐
                              │浑心  │
                              └──────┘
                                 ↓
            ┌────┐  ┌────┐  ┌────┐  ┌────┐  永续创造
            │有道│→ │善施│→ │无败│→ │知止│  方略论
            └────┘  └────┘  └────┘  └────┘
```

第十一讲 浑心

在道是事物发展的新趋向及其势能,天人合一之道是人类创造机遇,道有生命周期且生生不息的世界观基础上,确立了"不欲盈"以追求历变不衰之道的价值目标之后,有此志向的个人、企业和国家该如何运用辩证思维、理性思维和边际分析的方法论来建树永续创造之德呢?

老子分三个部分论述了永续创造之德。一是永续创造方略;二是永续创造者行为;三是永续创造性组织。接下来的部分将会把《道德经》剩余的文字整理成相应的三篇来介绍。三者的相互关系待本篇末尾再予以讨论。

方略是指一个组织为了实现其长期目标而制定的全局性、纲领性的谋略和行动方案或计划。在管理领域,类似的定义被称为战略或策略。由于永续创造是不争之德,为避开"战略"字眼中的竞争含义和强调全局及动态的视野,故而这里采用方略而不用战略或策略。

从《道德经》的相关论述中,可以整理出"浑心"以明确实施永续创造方略的组织要承担的使命,以及"有道""善施""无败"和"知止"等制定和实施方略过程的四个环节或步骤。这些内容将在本篇分五讲解读。下面先来讨论有关使命的部分。

使命是对组织存在的基本价值和所需承担的重大责任的陈述。作为有道者,组织的永续创造方略使命要通过一个"为天下浑其心"的过程来确定。

什么是"浑心"呢?

> 圣人在天下,歙歙焉,为天下浑其心。百姓皆注其耳目。圣人皆孩之。(四十九章)

"浑心"的意思就是摆脱高高在上的心态和远离现实生活的清纯高雅姿态,把自己滋浸到最广泛的底层百姓中,从来自草根的信息中知道自己的行道建德过程的目的和使命来自何处、责任有多大,又了解有多少资源可由道的发掘而得到恰当利用以及怎样调动一切积极的力量参与到这个过程中来。

"浑心"的目的是使有道者赋予德所含心胸的广度和深度的坐标,使其有足够广的包容心和足够强的使命感,获得行道建德的驱动力。

"浑心"的方式是放下身段,"歙歙焉"地倾听百姓的声音或民意。"歙歙焉"在这里,既可以形容屏气状的认真诚恳,也可以理解为充分吸取外部气息时的开放包容。

在实际中,"百姓皆注其耳目",也就是百姓都在看你在关注什么和愿意听什么,以检测你愿不愿意打开自己的视野和言路以倾听草根们的心声和体察庶民疾苦,是真的亲民爱民还是说一套做一套。如果真的愿意倾听和体察,那么就请对百姓采取"皆孩之"的姿态。字面上看,"皆孩之"容易被理解成把百姓当成自己的孩子来抚养和管教。而根据上下文的逻辑,如下理解才是符合原意的:既然要倾听,那么即使百姓说话刺耳或举止冒犯,也应当像对待天真无邪的孩子一样予以充分的理解和包容。因为童言往往无忌,小孩子动作随性免不了粗鲁莽撞。

"浑心"的任务是具体明确以下四项使命。

- **其一,普济世人。**

对百姓心声的倾听和对庶民疾苦的体察,给有道者或者努力"有道"的组织和个人在观念上带来的直接冲击就是自己能为普通百姓做些什么。联系到"有道"和"建德",自己的努力到底是要为谁带来好处?更具体一些,让那些没有创造新财富能力的人也能自食其力或者获得生存保障是否应当成为自己需要担当的责任?

老子分析的结果是,担当为那些没有创造能力的百姓提供生存保障的责任是有道者的理性选择。"道者,万物之奥。善人之宝,不善人之所保"指出,主宰万物生养的道是"善人"即有道者手中的法宝,同时也应该是"不善人"即不具备"有道"能力的普通人得以依靠的保障。也就是说,有道者应当利用自己手中的法宝给普通人提供生存的保障。

从有道者的角度看,担当这样的济世责任,其回报在于"美言可以市尊,美行可以加人。"如果没有这些缺乏"有道"能力的普通人,有道者也就没有了施展"加人"之德的施善机会了。理性地想想,还真不能抛弃他们。因此的确值得反问一句:"人之不善,何弃之有?"

从一个国家的角度看,有道者普济世人的责任担当向普通人的扩展决定了立国之本的转移。对此,老子指出"故立天子,置三公;虽有拱璧以先驷马,不如坐进此道。"如以上所说,既然道生养万物的特性提供了通过创造者的努力而让普通百姓得到生活保障的可能性,那么与其建立叠床架屋式的统治机构以造就高高在上整日想着如何威震四海、八方来朝的官僚阶层,不如循着道的指引去创造财富以造福百姓。这样,一来可以在制度上让创造者的努力得以成为使他人受益的善举,二来可以让那些没有掌握创造技能的普通百姓获得工作机会和生存保障,三来即使是犯罪之人也有了改邪归正、戴罪立功的机会。

为什么有道者的善举还要惠及罪犯?对于可能引起的不解或争议,老子的解释是:"古之所以贵此道者何?不曰以求得有罪以免邪?故为天下贵。"也就是说,之所以要人们去珍视道,就是因为有了它,连罪犯都可以获得戴罪立功的机会。由此可见,《道德经》为有道者提出的普济世人使命境界是很高的。

至于古时是否出现过善举惠及罪犯的实例,可以设想一下类似大禹治水时的情形。

相传在距今约4 600年前的尧舜时代,由于中原地区黄河洪水时常泛滥,鲧被派去治理。他先采用堵塞的方法,结果

> 道者,万物之奥。善人之宝,不善人之所保。美言可以市尊,美行可以加人。人之不善,何弃之有?故立天子,置三公;虽有拱璧以先驷马,不如坐进此道。古之所以贵此道者何?不曰以求得有罪以免邪?故为天下贵。(六十二章)

九年不成；又用湮塞的方法，结果淹没了许多人的生命。后因擅自将神庙里的青铜礼器铸成治水工具，被舜帝诛杀于羽山之野。鲧死之后，他的儿子禹奉命继承了父亲未竟的事业。禹吸取了父亲失败的教训，采用疏导的方法治水。为了全面了解水情和地势，他踏遍了九州，勘察测量山形水势，疏导了九条河道，修治了九个大湖，凿通了九条山脉，终于战胜了洪水。

在大禹领导治水的过程中，大量的水工也付出了牺牲。有的被山石砸伤了，有的上山时摔死了，有的被洪水卷走了。其中很多水工就是罪犯或者俘虏。由于工程对人力的需要，当时的统治阶级不再把他们杀掉，而是把他们送到了治水一线。到治水工程完毕之后，那些活下来的人又被充当奴隶，在治理好的良田上为贵族耕种。虽然惠及的程度有限或者也可以说这些水工是为大禹的治水事业所驱使利用，但也正是有了疏导的治水之道，那些罪犯和俘虏才有了没被杀头而活下来的可能。

当代社会这样做是否现实？据报道，在亚丁湾打劫各国往来商船的一群索马里海盗在接受采访时表示，如果当地政府提供有保障的就业机会，他们可以去从事保护索马里的渔业资源等工作。这说明，创造和平发展的条件是可以促使索马里海盗改邪归正从而最终消除猖獗的海盗现象的。

- 其二，分享利益。

> 圣人不积。既以为人己愈有，既以与人己愈多。（八十一章）

老子说"圣人不积"，就是要求有道者不贪、不独占独享，或者说要善于与人分享。

对奉行永续创造方略的个人或组织来说，分享是其使命中应有之义。

在美国，星巴克公司是一家很独特的企业。在这里，员工不叫员工，他们因持有公司股票而被叫作"合作伙伴"，包括占员工数量65%的兼职员工在内的所有员工都能享受全面医疗保险。这些特殊做法的形成都与其创始人霍华德·舒尔茨的亲身经历有关。

舒尔茨小时候住在纽约布鲁克林区一套由联邦政府资助的廉租房里。那年冬季的一天,他正在外面空地上和朋友打雪仗,突然母亲从七楼窗口喊:"霍华德,快进来。爸爸出事了。"接下来发生的事情改变了他的一生。

回到家之后,他看到父亲一条腿上缠满了绷带,正趴在沙发上。原来当卡车司机的父亲在工作时不小心踩到了一块冰,跌伤了脚踝。结果,这次事故让父亲失去了工作。由于当时根本不存在工伤赔偿这回事,而已经怀孕7个月的母亲又根本不可能去工作,于是全家一时陷入了孤立无援的境地。曾经有很多个夜晚,舒尔茨听到父母在餐桌上争论到底该借多少钱、又该向谁借。从那以后,只要电话铃一响,妈妈就会让他去接电话,告诉债主父母不在家。

那个时候,舒尔茨强烈感受到了父亲的失败所带来的耻辱。父亲当过卡车司机、出租车司机和工人。为了维持家庭的开销,父亲常常要同时做两三份工作,但每年的收入一直很低且毫无保障。舒尔茨经常和父亲吵架。他说,"我总是觉得父亲不负责任,是个失败者。"

父亲去世后,舒尔茨对父亲的看法开始有所改变。他逐渐发现了父亲身上的一些好品质:为人诚实、对工作兢兢业业、对家庭负责等。他开始意识到,其实是父亲所处的组织摧垮了他。舒尔茨发誓,如果有机会,他一定会改变这一切。他梦想着能够建立一家善待所有员工、为员工提供医疗福利保障的公司。

童年的"浑心"经历让舒尔茨把星巴克变成了美国第一家为所有每周工作20小时以上的员工提供医疗保险的公司。从1991年开始,星巴克符合条件的全职和兼职员工都能通过公司股票期权的形式持有公司的股份,被称为"咖啡豆股票"。由此,员工在公司内的身份由雇员变成了合伙人。通过这些方式,星巴克为员工们提供了舒尔茨的父亲从来都没有享受过的待遇。

第十一讲·浑　心

从上述例子可以看到，"浑心"能够使有道者意识到应该承担更多的责任。而责任担当势必涉及当事人的利益观从原来仅仅关注自身利益的得失转变到与他人利益共享。

问题是，分享是否符合理性原则？

答案是肯定的。因为分享不仅有利于建立支持长期持续发展的群众基础，而且还是发掘道所提供创造空间的有力助推器。

在老子看来，分享并不就是好施乐捐，而更多的是通过利益的分享来调动和激励更多的人来参与到道所提供的创造机遇的发掘过程中，让大家通过参与创造而发挥自己的才能并得到相应好处。所以，"夫唯道，善贷且成"要求一心行道的有道者善于通过给予来达成自己的事业。在这句话里，"贷"的意思是给予，"且"把"贷"和"成"构造成了一个并列的条件，即不仅要给予而且还要完成道所提供的势能发掘。由于单纯的慈善不能直接促进道的势能发掘，所以能满足既帮助弱者又促进行道建德双重目标的方式就只能是激励众人来参与创造。

分享真的能够成就行道建德的事业？

老子为此提出了一个分享的创造效应定律："既以为人己愈有，既以与人己愈多"。也就是说，"为人"不仅利他而且利己，"与人"分享可以让自己变得更富有。

海底捞火锅的创始人张勇可以说是这条定律的领悟者和践行者。他开的麻辣烫刚开业时，因为他服务好，一位客人不仅忍受了难吃的饭菜，还向其表达谢意。张勇在心存感激的同时，发现优质的服务能够弥补味道上的不足，真诚服务会换来回报。

于是，一种与大众餐饮越来越标准化截然不同的服务模式被张勇创造了出来：只要是顾客有需求，就加以满足。若没有预定，踩着饭点去吃饭，几乎都要排队，一排就要半小时甚至一小时。在海底捞客人等位并不心烦，因为期间可以上网，下跳棋、象棋、围棋，玩扑克牌，有的地方甚至还有麻将可打；

夫唯道，善贷且成。（四十一章）

瓜子、水果、饮料、点心随时奉送。如果需要,有人给擦皮鞋,女士还可做美甲。类似服务不胜枚举。叫到号的时候,走进餐厅,扑面而来的是人声鼎沸的如集市般热闹的就餐场景,只见服务生一个个小跑着,累得满头大汗,一旦看到顾客,马上给你一个发自内心的微笑,就像见到亲人或好友时那种喜悦的微笑。点菜的时候,服务生会提醒你可以点半份,还会告诉你已经点得差不多了,再多就会浪费。对戴眼镜的顾客,服务员会送一块眼镜布供擦拭,还送手机套以预防汤汁溅着。离开前洗手间还备有牙刷牙膏,便于顾客清理口腔。

在此基础上,海底捞火锅店一般能做到日翻台 7 次;一家旗舰店的年营业额达到 5 000 万元;一家新店开店 6 个月就可以回本盈利。这充分证明了"为人"是可以做到"己愈有"的。

在生意红火的背后,让客户满意的支撑因素是首先让员工满意的各种不同寻常的举措。因为餐饮业来就餐的顾客是人,管理的员工是人,只有当员工对企业产生认同感和归属感,才会真正快乐地工作,用心去做事,然后再透过他们去传递海底捞的价值理念。

海底捞选拔正直、善良、孝敬父母和认真勤奋的员工,然后帮他们建立安全感,用关爱感动他们,用信任让他们通过自己的双手改变命运。

海底捞规定员工住宿地点到上班店的步行最长时间是 20 分钟;海底捞一家店每年在员工住宿方面的成本约 50 万元;海底捞每年用于治疗员工和直系亲属的重大疾病的专项经费是 100 万元。餐饮业服务员大部分来自农村。他们首先关注的是工资收入。来海底捞工作,工资加分红肯定比同行业高。吃住方面,海底捞全管,而且吃住比家里还要好。这里能让员工住在 24 小时有空调的公寓,宿舍卫生有清洁工专人打扫,随时可以洗热水澡。每天四顿饭,而且都是吃饱饭再干活。生病时员工会送上可口的饭菜,领导还会带着慰问金来探望。海底捞为优秀员工发的奖金,一部分会直接寄给员工的父母,并为其父母上保险,父母有病,公司还会派人送上慰问金。有孩子的员工,自然担心孩子的上学等成长问题,公司专门在简阳市建立了子弟学校,请一流的老师来授课,解决员工子女上学问题。

正如张勇所说,要想让员工对顾客像家人一样,老板就得像家人一样对待自己的员工。这也证实了"与人"是可以"己愈多"的。

由此可见,分享可以帮助有道者调动各种积极力量迅速地发掘道所提供的势能。

一般来说,在两种情形下分享不仅利人而且利己。一种是在道的生命周期第二阶段。由于新的道较少为人所了解,要直接替代原有的道,具有相当大的难度。于是,通过强有力的分享可以为探索新道开路,促进道的势能发掘进程。另一种是在道的生命周期第三和第四阶段。在道的替代速度非常快的情况下,如果有道者不善于与人分享,那么很容易被后起的道所轻易替代,自己的生命周期被提前终止。由于天人合一之道终究是与人的消费、人的福利有关的,最终体现在社会财富的创造和使用上,所以企业或个人在追求利润或福利最大化的理性过程中不应当把自己禁锢在自利的狭隘圈子里。相反应调整自己的决策,让分享在道的快速替代过程中充分发挥其激励创造效应。

- **其三,坚持节俭。**

担负包括不善之人生存保障的使命以及通过分享利益来调动发掘道所提供势能的积极性,要求有道的个人或者组织必须始终保持节俭的生产和生活方式。

设想一下,如果讲究奢华不计成本,那么道所提供的势能就被无谓地消耗掉了。相反,如果能够保持简朴,那么节省下来的资源就能够创造更多的财富。所创造出来的财富就可以让更多人分享,也有更多的人的生存可以得到保障。所以,老子说:"治人事天,莫若啬。夫唯啬,是谓早服;早服谓之重积德;重积德则无不克;无不克则莫知其极;莫知其极,可以有

治人事天,莫若啬。夫唯啬,是谓早服;早服谓之重积德;重积德则无不克;无不克则莫知其极;莫知其极,可以有国;有国之母,可以长久;是谓深根固柢,长生久视之道。
(五十九章)

国;有国之母,可以长久;是谓深根固柢,长生久视之道。"

"啬"在这里不是指对别人的小气、抠门,否则的话就与普济世人和利益分享的责任担当相矛盾。"唯啬"的实质就是要求有道者全面地、始终如一地在整个建德过程中注意节省、俭朴,不挥霍、不浪费,把自己省下来的资源提供给更多的人享用。正如印度现代解放运动的领袖甘地在一百多年前所指出的:"地球提供的资源可以满足每一个人的需要,但是却不能满足人们的贪欲。"

"早服"是指及早开始这样做事,即一以贯之地坚持节俭;"积德"中的"德"包含得很全面,既包括宽广胸怀、独到眼光和敏捷行动,又强调通过行道得到的创造和开发成果有余以奉天下的程度。也就是说,坚持节俭将使胸怀和抱负更远大、所能看到的道更宽广深厚、对行动的要求更具流程上的经济性,从而也有利于累积起更丰富的创造和开发成果;"早服谓之重积德"整句的含义就是自一开始就坚持节俭代表了对积累创造和开发成果的重视;"重积德则无不克"是说有了胸怀、眼光和行动经验以及成果的丰富积累,拥有了强大的探索力、感召力、执行力和财富实力,从而可以克服任何艰难险阻;这样,"无不克则莫知其极;莫知其极,可以有国;有国之母,可以长久"则不难理解。有了克服任何困难的上述能力,建立一个持续发展的国家就有了基础;"长生久视之道"是《道德经》中除"保此道者不欲盈"之外另一处"道"的含义涉及历变不衰的地方。从中可见,老子不仅把节俭作为创造力及其成果的累积、克服种种困难的力量和发展空间的扩展因素,而且把节俭的意义上升到国家长治久安、牢固根基的地位。

所以,节俭如一也是有道者通过理性的"浑心"过程而选择担负的使命。

- **其四,呵护自然。**

行道建德作为遵循天人合一之道而利用各种自然资源开展财富创造的过程,势必会对人类所赖以生存的生态环境带

> 天下有始,以为
> 天下母。既得其
> 母,以知其子;既
> 知其子,复守其
> 母,没身不殆。
> 见小曰明,守柔
> 曰强。用其光,
> 复归其明。无遗
> 身殃,是为袭常。
> (五十二章)

来种种影响。在这个过程中,如果不注意对自然的保护就会带来不可挽回的破坏,甚至导致行道建德前功尽弃。老子在那么早就已经意识到这个问题的潜在严重性。对此,他提出"天下有始,以为天下母。既得其母,以知其子;既知其子,复守其母,没身不殆"。

对上述这段话的理解,关键在于区别两个"知"字。"既得其母,以知其子"中"知"的意思是告知或通知,对"子"来说是被动的。"以知其子"即知会其子女某些信息;"既知其子,复守其母,没身不殆"中的"知"是指得知,对"子"来说是主动的。"既知其子"是既然知道是其子女的意思,以引出要求自己做到"复守其母,没身不殆"的后句。所以,在这段话里,老子把孕育万物的大自然比喻为天下苍生的母亲,指出人类既然认出自己的母亲,作为孩子就必须尽到义务,在享受大自然恩泽的同时也要像守护母亲一样永远不让大自然受到伤害而致使万物无以而生。由此,老子事实上提出了一个境界非常高远的可持续发展理念和社会责任标准。

如何做到"复守其母,没身不殆"般呵护自然呢?

老子对此提供的行动原则是"见小曰明,守柔曰强"。也就是说,呵护自然要从小处做起,守护住柔弱之处才会强壮。由此可见,呵护自然是一个十分细致有心的行为,要通过"浑心"使之变成一个自觉的行动。

老子还为呵护自然提出了两条高标准的具体守则。

第一条守则是"用其光,复归其明"。

怎样理解"用其光,复归其明"?

老子的比喻非常形象:即使是使用了一丝光亮也要让光明得到补充,让它能够维系发亮的功能。但是为什么要这样做则不容易理解。

先来看"用其光"的意思。从太阳光、星光或者黑夜中的火把等光源的提供者角度来看,光一旦产生就无法或者很难排斥他人使用,所以光在这里具有公共物品的特性。从借光一用的受益者角度来看,一方面自己使用与否对提供者的成本没有影响；另一方面提供者也无法排斥自己的使用，所以受益的使用者不必为此付费。这也就是现代经济学所说的外部效应。由于能为他人提供照明，所以光在这里提供的是一种积极的正的外部效应。所以，"用其光"是一个免费使用公共物品和接受正的外部效应的过程。

"复归其明"则是一种矫正和补偿要求，即凡使用了公共物品和接受了正的外部效应都应主动给予回报以维系它们的正常运行。这是因为，由于使用者或受益者的免费使用，公共物品和正的外部效应的提供者无法由光给他人带来的好处而获得补偿或者报酬。如果该提供者是具体的个人、企业组织或者国家，就会失去提供或继续提供该物品和效应的动机和能力。因此，有道者应该做到知恩图报，明白自己有责任使公共物品和正的外部效应得以持续维持正常运转。

在管理实践中，企业越来越重视知识的充分利用，越来越倾向于把知识作为重要的资产来看待。特别是利用知识容易从其原创者那里外溢出来的特点，通过将内外部形成的各种知识汇集起来，把知识的作用加以放大和重复使用，可以帮企业节约成本和获得更高的经营收益。这也就是说，企业越来越懂得通过知识的资产化来利用知识的外部效应。然而在知识的运用趋向资产化的同时，知识也在经历生命周期日益缩短即短寿化的过程。如果企业只知道利用既有的知识，新的知识从哪里来则成为问题。如果没有人愿意对新知识的创造予以充分反哺，那么很快就会陷入大家当下竭泽而渔日后则无米下锅的局面。

对于大自然提供的公共物品和正的外部效应，人们通常认为它们没有思考能力，因此会不计得失慷慨大方地让人类使用。譬如对那时时刻刻发出强烈光亮的太阳，我们只知道尽情地享用其光明和温暖，从来也没有想过有必要为之付费或补充能量。不过，终有一天太阳会因氢的耗尽漫漫冷却而变得黯淡无光。

当然还是会有人说那一天离现在实在太远，何必杞人忧天。但是我们从生活其中的大自然所获得的公共资源和公共物品何止太阳光这么一项。比如,自工业革命以来才两百多年,人类已经消耗了大量的煤炭和石油等化石燃料。大自然固然无法制止人类日益增长的消耗,但这些作为公共资源的化石燃料本身是不可再生的,用一点少一点,离用完的那天已经不远了。所以没有对替代能源的足够投入,人类的现代生产和生活方式就将难以维系。

然而,既然"用其光"是可以免费的,那么从个体的理性思维出发,为什么要以"复归其明"的精神呵护大自然呢?

应当承认,对于普通人来说,"复归其明"不是理性的行为,只有纳入公益事业范畴才能得到他们的理解。但对于追求历变不衰、永续创造的有道者来说,如果连自己也不去呵护大自然,那么不仅行道的过程会受到环境异变的扰乱,而且道生生不息的孕育过程很可能就此受到严重破坏,从而让人类失去未来获得创造机遇的源泉。

下面就以近期世界各国高度关注的气候变暖问题为例来说明。

引起气候变暖的原因可分成自然原因与人为原因两大类。前者包括太阳辐射的增强等;后者包括人类燃烧化石燃料以及毁林引起的大气中温室气体浓度的增加等。温室气体包括二氧化碳、甲烷、氯氟化碳、臭氧、氮的氧化物和水蒸气等,其中最主要的是二氧化碳。由于这些气体对来自太阳辐射的可见光具有高度的透过性,而对地球反射出来的长波辐射具有高度的吸收性,造成允许太阳光射入又阻止其反射出去的效果,在地球大气层与地表之间形成了一个"温室",因此被称为温室气体。

工业革命以来,人类大量使用煤、石油和天然气等不必向大自然交费的化石燃料,这些碳氢化合物与空气中的氧气发生燃烧化学反应排放出大量的二氧化碳气体,结果导致全球气候显著上升。对此,科学家形象地称之为温室效应。由此可见,温室效应恰恰就来自人类"用其光"的过程。

人类利用碳氢化合物作为能源来驱动现代工业生产和改善生活质量本身无可厚非。问题正出在没有意识到必须"复归其明"上，也就是排放出来的二氧化碳需要回到地下蓄积起来。本来，二氧化碳由各种植物通过光合作用从空气中吸收而转化为碳水化合物，其中一部分则由以植物为食物的动物转化为动物组织，最终分别借助动植物的尸体埋到地下得以封存。但现在，人类对森林的大量砍伐减弱了植被吸收二氧化碳的能力，而化石燃料的大量使用引起的碳排放也破坏了自然界原有的碳循环能力。所以，气候变暖应该说是大自然对人类滥"用其光"而不归其明的一个惩戒。如果不加以调整，那么很可能将付出海平面上升、生态系统紊乱、新的疾病流行等重大代价。

那么由谁来"复归其明"呢？国际上比较公认的原则是"用其光"者应负责"复归其明"，也就是那些碳排放大国应当为减排吸碳承担最大的义务。而一些碳排放大国却以各种理由推脱责任并要求其他国家分摊其义务。显然，这还是按常规角色的理性思维在主导。

事实上，一个追求可持续发展的国家和企业是没有便车可搭乘的。放弃或逃避碳减排义务与历变不衰的目标背道而驰。

这是因为，一来气候变暖对追求历变不衰的国家和企业造成的不利影响甚至比一般国家更大。气候变暖将会从根本上改变大自然的运作轨迹，道生生不息孕育万物的过程也被打乱，国家和企业随之失去持续发展的方向。或许人类还会因此失去天人合一之道最终走上灭绝之路。这样不难得知，冒中断发展进程的风险将得不偿失。

二是在未来，只有那些掌握了主动"复归其明"之道的国家和企业才有"用其光"获得持续发展的能力和资格。在气候变暖的约束下，未来不可再生的化石燃料和可再生的新能源普遍存在只有"复归其明"才能维持正常利用的问题。比如煤炭，如果没有找到碳捕捉及碳封存，或者零排放等有效办法就无法再像以往那样大规模利用。可燃冰的未来利用也是这样。由于可燃冰中富含甲烷，其温室效应远远大于二氧化碳。如果不能避免甲烷逃逸到大气中去，那将带来一场巨大的灾难。水能和生物质能的使用也有一个度的问题。

即使是看起来"取之不尽，用之不竭"的太阳能也未必不需要顾及眼前与未来的平衡。假设在全球各个角落都架上光伏电池板尽情地吸收太阳能发电，或者设法把接收装置设置到太空中去拦截太阳光，那时人们又要因为气候变得过冷而顾此失彼。

三来对于相对落后的国家和企业来说，气候变暖是一个通过发现并实现低碳或碳中和条件下新的道而超越领先者的重要机遇。气候变暖意味着建立在传统能源消费方式基础上的道将被颠覆和更替。换句话说，那些不愿或者延迟放弃传统方式的国家和企业会失去领先优势。

所以，对于追求历变不衰的有道者来说，主动"复归其明"或者说坚持可持续发展才是真正理性的选择。

第二条守则是"无遗身殃，是为袭常"。

上一条守则是对正常使用了大自然提供的某种资源或者享受了某些外部效应好处而提出的补偿守则。对于可能危害大自然的资源滥用和可能形成的负的外部效应，"无遗身殃"则对有道者提出了无犯守则。

"无遗身殃，是为袭常"中，"遗身"可直译为"遗体"，故"遗身殃"是指身后留下的祸害。"袭常"即指惯例或守则。因此，这段话可以解释为：直至自己事业完结都不留下任何隐患或后遗症，这应当作为一个守则来实行。

按照显现的时机来划分，"遗身殃"可以分为身前已经显现但一直延续到身后的祸害和身后才开始显现的后遗症。按照灾祸的影响范围来分，"遗身殃"可分为损人不利己的祸害和损人利己的祸害。其中损人利己的祸害实际上就是所谓的负的外部效应，它的特点是别人不得不接受损害而自己又不必支付代价。

从人的利己行为动机出发,损人不利己的祸害发生频率会受到自我抑制,而损人利己的后遗症和负的外部效应是"遗身殃"的重点,也是其中危害最大的部分。相应地,"无遗身殃,是为袭常"就是要求有道者身前不造成负的外部效应和身后不留后遗症。

与"用其光,复归其明"一样的问题是,"无遗身殃"应否成为有道者的理性选择?

当开展一项牟利活动,发现它会给外部自然环境带来损害,而对于这种损害暂时无需为之付出代价时,奉行永续创造而追求历变不衰价值观的有道者一经察觉应予停止或者加以纠正。在长期持续发展过程中,随着社会的进步,原来不违法或伦理上也无可厚非的具有负的外部效应的活动常常会被新的法规和社会价值规范所限制。当新的法律法规要求承担相应代价时,习惯了损人利己者往往因难以适应而被淘汰。

那么,身前不做损人不利己的事,身后能否留下后遗症呢?

人的生命总是有限的,因而上述问题可以放在人生最后一段来思考。通常人们总希望自己一生顺风顺水、吃穿不愁。涉及眼前利益和长远利益的冲突时,天平往往会往眼前倾斜。比如,有的人就采取"我死后管他洪水滔天"的态度,把现有的资源用尽耗完,把麻烦、乱子、窟窿留给后人。记得毛泽东曾经说过,"一个人做点好事并不难,难的是一辈子只做好事,不做坏事。"现在看来更难的是,不仅在世时不做坏事,而且身后也不留下任何后遗症。的确,我们也看到很多伟人把自己的一世英明毁在了生命的最后一个时段,做出了令后人扼腕的贻害举动。

但也有相当多的人视名节如生命,不愿身后留下骂名。实际上这样的价值取向也有其理性思考的根据。虽然人的生命有限,但历变不衰是一个通过没有预设终点的无限过程来追求的理想目标。假如能够容忍自己留下的后遗症去让社会和大自然受损,那将不是有道者的理性所为。这是因为,他不知道哪个时刻是自己的最后时光。如果他在某个自认为是最后时刻的一个时间做了将留下后遗症的事,则很可能在身前就遭受其害。而如果这种可能结果可以接受的话,则变成了在身前任何时间都可以做类似的事,于是历变不衰的目标就会随之远去。

总之,"用其光,复归其明。无遗身殃,是为袭常"为实现"复守其母,没身不殆"即可持续发展提出了呵护自然的补偿守则和无犯守则。

附:本讲对应的《道德经》原文及其译文

11.1 为天下浑其心

【原文】

圣人在天下,歙歙焉,为天下浑其心。

百姓皆注其耳目。

圣人皆孩之。

(四十九章)

【译文】

永续创造者在天下,要收敛屏气,为天下打开其吸纳草根气息的心胸。

百姓都关注其视野和言路。

永续创造者视百姓如同对天真无邪的孩子。

11.2 人之不善何弃之有

【原文】

道者,万物之奥。

善人之宝,不善人之所保。

美言可以市尊,美行可以加人。

人之不善,何弃之有?

故立天子,置三公;

虽有拱璧以先驷马,不如坐进此道。

古之所以贵此道者何?

不曰以求得有罪以免邪?

故为天下贵。

（六十二章）

【译文】

道，支配着万物的生长。

它是有创造能力者的法宝，也是无创造能力者可以依托的保障。

美好的言辞可以换得别人的尊重，高尚的举动可以助人为乐。

人没有创造能力，难道就要被抛弃吗?

拥立天子，设立主管大官;

虽然常能接受玉璧为先、驷马为后之礼，不如按照道的方向去做。

古时候为什么珍贵我们所说的道呢?

不正是说有机会将功抵罪而获免吗?

这就是为天下所珍贵的原因。

11.3　善贷且成

【原文】

圣人不积。

既以为人己愈有，既以与人己愈多。

（八十一章）

【译文】

永续创造者不贪。

尽力帮助别人会让自己更加富有，尽力与人分享会让自己收获更多。

【原文】

夫唯道，善贷且成。

（四十一章）

【译文】

专注行道的人善于通过给予而成就自己。

11.4　唯啬可以长久

【原文】

治人事天,莫若啬。

夫唯啬,是谓早服;

早服谓之重积德;

重积德则无不克;

无不克则莫知其极;

莫知其极,可以有国;

有国之母,可以长久;

是谓深根固柢,长生久视之道。

(五十九章)

【译文】

治理百姓侍奉上天,没有比节俭更重要的了。

一心行道,就要一以贯之地节俭;

一以贯之可以说是注重创造成果的积累;

注重创造成果的积累则可以克服种种困难;

克服种种困难意味着发展空间不可限量;

发展空间不可限量可以获得建国根基;

国家有了根基可以长治久安;

这就是通向根深蒂固和长盛不衰的路径。

11.5　用光归明无遗身殃

【原文】

天下有始,以为天下母。

既得其母,以知其子;

既知其子,复守其母,没身不殆。

见小曰明,守柔曰强。

用其光,复归其明。

无遗身殃,是为袭常。

(五十二章)

【译文】

世间万物有其初始来源,就像每个孩子都有自己的母亲一样。

既然确认了母亲,也就让她的孩子知晓了:

既然知道自己是母亲的孩子,就要反过来忠实守护她,让她终身不受伤害。

能看见微小的地方才称得上明亮,能守住柔弱的地方才称得上强大。

借用了它的光亮,要归还其光明。

不留下任何后遗症或祸患,应当作为共同遵循的原则。

第十二讲 · 有道

使命确立之后，就可以考虑永续创造方略的制定和实施了。对此，《道德经》有四个环节的论述。本讲先谈第一个环节。

无论是初次还是持续循道建德，都需要一个关键的起始步骤即发现道的所在或者掌握道所预示的方向，即"有道"。"有道"对方略的成功实施具有纲举目张、事半功倍的决定性作用。"执大象，天下往。往而不害，安平泰。乐与饵，过客止"非常形象地告诉人们，只要抓住了"大象"即大的趋势，就可以引领百姓一起朝共同的方向努力，从而带来平安康泰的社会环境和令人羡慕的丰硕财富。反之，就会陷入"失道"或者"废道"后纷争四起的局面。

对于一个人来说，如果不能"有道"，他就无从发现属于自己的成长机遇。

对于一个企业来说，如果未曾"有道"，它就无从创立；在原有业务面临价值流失而不再盈利之后，如果不能及时重新"有道"，就只好歇业倒闭了。

对于一个国家来说，如果不能"有道"以弥补既有产业老化而衰减的增长空间，经济就会衰退以至停滞而得不到复兴。

问题是怎样才能"有道"？

《道德经》提出了四点建言。

- 其一，要依据道的特点展开独到的观察和思考。

由于"道隐无名"，"道之出口，淡乎其无味，视之不足见，

执大象，天下往。往而不害，安平泰。乐与饵，过客止。道之出口，淡乎其无味，视之不足见，听之不足闻，用之不足既。（三十五章）

上士闻道，勤而行之；中士闻道，若存若亡；下士闻道，大笑之。不笑不足以为道。故建言有之：明道若昧，进道若退，夷道若纇；上德若谷，广德若不足，建德若偷；质真若渝，大白若辱，大方无隅，大器晚成，大音希声，大象无形，道隐无名。（四十一章）

听之不足闻",道具有在其发端初始处即出口的地方似有若无的特点。所以,即使有"用之不足既"的吸引力,也不是每个人都能够发现道的。"上士闻道,勤而行之;中士闻道,若存若亡;下士闻道,大笑之"非常形象地描绘了不同的人对道见仁见智的反应。而"不笑不足以为道"更是鲜明地指出了只有反常到被人嘲笑才真正具备道前所未有的新颖性。试想,如果每个人都认为是顺理成章、理所当然的事,那的确会是司空见惯或老生常谈而不成其为道。

"明道若昧,进道若退,夷道若颣"进一步说明,即使是光明的道、进步的道、平坦的道初看起来都会显得暗昧、倒退和起伏,所以不被表象所迷惑才会"有道"。

- **其二,要有谦虚进取和不求急功近利的心态。**

"道隐无名"的上述特点不可避免地影响由人及其组织的实践所体现出来的德。具体地,虽说道可以通过德的能见能力来发现,但要在似有还无的恍惚中做到这一点事实上是很难的。为此,致力于达成"有道"方略的个人和组织要进行相应的心态和行为调整。

"上德若谷,广德若不足,建德若偷"告诉为"有道"而"建德"的人:上乘的德应像峡谷一样空旷而显得有所缺失,宽广的德仍有不能覆盖之处,建造德的过程甚至好像在偷窃盗取。也就是说,建德的过程要靠一个虚怀若谷、永不自满的追求来驱动,所以在那些为"有道"而努力的人看来,建德的过程总是不完美的、永无止境的,特别是要按照浑心建立的使命责任去探索发现尽可能宽广的道时更是如此。为什么建德的过程好像是在偷窃盗取?大家都知道,小偷是不能大摇大摆招摇过市的。剔除怕被人发现而被抓住的损人利己恶劣性质之后,在非常专注、小心翼翼地施展独到技法试图取得新的发现或者猎物上,为"有道"而"建德"的过程就与"偷"窃的过程相近。所以,老子这段话既是告诫,又是鞭策。此外,"建德若偷"还有一层提倡低调做事、不事张扬的意思。

类似的教诲还有,"质真若渝,大白若辱,大方无隅,大器晚成,大音希声,大象无形。"这些后世奉为成语的句子都是在强调"有道"特别是要有大道和广道需要耐得住寂寞和煎熬,来不得任何急功近利。

- 其三,为了"有道",还需要随时清空成见,回到拥抱变革的初始状态。

老子形容说,"企者不立;跨者不行"。因为已经踮起脚尖就没有办法再高了,已经劈开双腿也就不能再往前挪步了。如果不从这些强弩之末的状态收回来,那就无法再行"有道"。之所以"自见者不明;自是者不彰;自伐者无功;自矜者不长"从而"有道者不处",都是因为太多既有的东西充斥其中。这些过度摄入的"余食"既造成自身机体的不良循环,又形成巨大的排斥力量,容不得被否定从而难以适应外界环境的快速变化,最终被新的世界所抛弃。这也就是"其在道也,曰:'余食赘形,物或恶之'"的意思。

企者不立;跨者不行;自见者不明;自是者不彰;自伐者无功;自矜者不长。其在道也,曰:"余食赘形,物或恶之。"故有道者不处。(二十四章)

不自见,故明;不自是,故彰;不自伐,故有功;不自矜,故长。(二十二章)

- 其四,要运用一套针对性的创造性思考方法。

老子在《道德经》中不仅提倡而且示范性地运用了一套供人们实现"有道"的创造性思考方法。由于涉及创造者行为的一系列问题,这些内容将到下一篇专门讨论。

附:本讲对应的《道德经》原文及其译文

12.1 执大象天下往

【原文】

执大象,天下往。
往而不害,安平泰。
乐与饵,过客止。
道之出口,淡乎其无味,视之不足见,听之不足闻,用之不足既。

(三十五章)

【译文】

明确把握了发展趋势,大家都会朝共同方向努力。

努力的结果有利无害,社会因此安定、平和和丰裕。

美乐与美食,让过往的客人流连忘返。

道在初始阶段,索然无味,既不起眼,也微不足道,但发挥起作用来潜力巨大。

12.2　不笑不足以为道

【原文】

上士闻道,勤而行之;

中士闻道,若存若亡;

下士闻道,大笑之。

不笑不足以为道。

故建言有之:

明道若昧,进道若退,夷道若纇;

上德若谷,广德若不足,建德若偷;

质真若渝,大白若辱,大方无隅,大器晚成,大音希声,大象无形,道隐无名。

(四十一章)

【译文】

有识之士听说了道,勤于付诸实践;

一般人听说了道,半信半疑没当回事;

不开窍的人听说了道,大笑而加以嘲讽。

不被嘲笑就不是道了。

所以这里建言:

光明的道常常是暗昧的,前进的道好像是倒退的,平坦的道似凹凸起伏的;

上乘的德像峡谷一样空旷而显得有所缺失,宽广的德仍有不能覆盖之处,建造德的过程好像是在偷窃盗取;

纯真质朴很像沾满污泥,全白却显得发暗,真正方正之形没有棱角,大的器物完成得慢,洪亮的音不能连续不断地发出,巨大的物体无法看清其形状,道常隐在无名未知的原始状态之中。

12.3 余食赘形

【原文】

不自见,故明;

不自是,故彰;

不自伐,故有功;

不自矜,故长。

(二十二章)

【译文】

不固执己见,所以明察动向;

不骄傲自大,所以成效显著;

不自夸抢功,所以功到自然成;

不故步自封,所以能够持久。

【原文】

企者不立;

跨者不行;

自见者不明;

自是者不彰;

自伐者无功;

自矜者不长。

其在道也,曰:"余食赘形,物或恶之。"

故有道者不处。

(二十四章)

【译文】

踮起脚尖就没有办法再高了;

劈开双腿就不能往前挪步了。

固执己见者不能洞明变化;

骄傲自大者做不了大事;

自夸抢功者无功而返;

故步自封者无法进步。

从道的角度看,可以比喻成:"吃得过多造成赘肉上身而变形,行动起来多有不便。"

所以有道者不选择这样做。

第十三讲 善施

现代企业管理非常重视战略的实施和执行。《道德经》中有关永续创造方略的段落不多,但在很有限的文字中,老子也已经十分明确地提出了实施对于落实永续创造方略的重要意义和实施应达到的整体要求,从而形成一个善施的框架。

由"使我介然有知,行于大道,唯施是畏",老子指出,即使永续创造方略的愿景和目标通过"浑心"和"有道"已经明确,想到具体实施也都是一个令人猛然警醒而心生畏惧的难事。其原因归结起来,主要有二。

● 其一,普通民众好抄近路。

老子说"大道甚夷,而人好径",于是产生了两个不好理解的问题。一个是为什么大道本来很平坦,人们却喜欢抄近路?另一个是为什么抄近路会导致行道失败?

大道虽然平坦,但它却在入口有弯道需要绕行,因而要花费更多的时间和更久的过程才能到达目的地。或者大道虽然平坦,但距离现在所处位置较远,甚至其所在方向与人们的当前处境完全不同。这时就需要一些周折调整或铺垫才能看准大道的方向。但人们通常没有耐心去费周折,总是希望能走更省事的近路就走上大道。就好像要到马路对面一样,本来走一段距离再过人行天桥会很安全,但难免有人会嫌费事干脆直接翻过路障过去。

环顾当今的企业界,类似的行为也不少见。曾经发生的德国大众造假事件就是一个鲜明的例子。

使我介然有知:行于大道,唯施是畏。大道甚夷,而人好径。朝甚除,田甚芜,仓甚虚;服文采,带利剑,厌饮食,财货有余;是为盗夸。非道也哉!(五十三章)

长期以来,柴油卡车是高速公路上的最大污染源之一。柴油引擎所使用的燃料与汽油车不同,柴油车不靠火花塞点火,而是利用压缩气体产生的高温将燃料点燃。因此如果柴油引擎获得的氧气不足就无法将燃料完全燃烧,而且会排放许多污染物如氮氧化物、燃烧不完全的燃料以及煤烟等。其中氮氧化物暴露在太阳下时,会产生臭氧。而当人暴露在充满氮氧化物及臭氧的环境中,会引发气喘、呼吸道疾病,甚至可能缩短寿命。此外,臭氧也会加重心血管疾病及肺病。

为此,汽车制造商研发了一种称为"选择性触媒还原系统(SCR)"的新型技术,这种技术会将由 30% 的尿素及 70% 的水混合而成的溶液喷在引擎排气管中,并通过化学反应,将氮氧化物转为对人体危害较低的氮气、氧气、水及少量的氮氧化物,这使柴油引擎能够被用于对废气排放量管制较严格的家用汽车中。

但大众的 2.0TDI 发动机没有使用 SCR,而是选择了 EGR+PDF 这一技术路线。后者由于不需要尿素作为催化还原的原材料,所以在成本上更有优势。但与此同时,由于 EGR 技术是对废气进行再循环,导入进气系统燃烧,但二次燃烧过程中,废气中含氧量降低,燃烧压力也随之降低,会在一定程度上影响动力性。也就是说,EGR+PDF 这一技术虽然在成本上占据优势,但会使得汽车在动力性上打折扣,而这也会影响油耗。

大众显然是想要在成本和技术两方面都做到最佳,以迎合市场。它在自家柴油车引擎加装了可以在检测时降低排放量的"失效保护器"(Defeat Device)来作弊:汽车在检测时会降低排放量,但平时驾驶时仍然可以享受汽车的动力感。据报道,这款"失效保护器"可通过软件感知方向盘位置、车速、周围气压等参数来判断车辆是否在实验室环境,从而向发动机发送指令,令其改变氮氧化物的排放策略。

大众在全球约 1 100 万辆柴油车加装了这种软件。由于被发现大众的失效保护器掩盖了其汽车实际上路时会排放超标高达 40 倍于法定标准的废气这一事实,该公司可能需要支付高达 400 亿欧元的巨额赔款。

放眼未来的汽车市场,不论是使用 SCR 技术继续推广柴油车还是转而进入新能源时代,大众都有着雄厚的技术储备,扎扎实实地加以转化,广阔的市场不会少了它的一份。这显然是恶性竞争环境下流行的急功近利思维带来的因小失大后果。所以老子"人好径"的批评对这个时代的企业来说言犹在耳。

在实施永续创造方略过程中,抄近路很可能导致事与愿违的结果。比如某企业发现了一个有很大空间的新市场。但是这个市场与该企业现有业务的定位不同。这时,本来应该严格按照新市场的定位来重新设计自己的产品、调整业务流程以及重新培训自己的业务人员,但该企业却出于种种考虑只简单更换了标签就开始向市场供货。在同行调整更到位的情况下,该企业势必失去这个市场。而在创造性很强的环节,更是需要经历曲折不断的探索,没有现成的近路可走。正如前面讲过的"曲则全"道理一样,不愿经受必要的周折,康庄大道不会径直来到面前。

- 其二,统治阶级贪图享乐。

如果当政的统治阶级好逸恶劳、搜刮民财,那更是对永续创造方略实施的根本性阻碍。对此,老子描述说"朝甚除,田甚芜,仓甚虚;服文采,带利剑,厌饮食,财货有馀",然后辛辣地斥之"是为盗夸",直指这些在其位不谋其政的人是窃取了道提供的机遇和福祉的大盗。

普通民众的好抄近路和统治阶级的好逸恶劳等行为方式都与道的实现大相径庭。所以实施永续创造方略的前提就是要排除这些"非道也哉"的心理与行为所带来的干扰和阻碍。

对于那些追求历变不衰实践永续创造的有道者,《道德经》的八章以极其精炼和精辟的语言提供了一整套行道的实施指南。在"居善地,心善渊,与善人,言善信,政善治,事善

居善地;心善渊;
与善人;言善信;
政善治;事善能;
动善时。(八章)

能,动善时"这段话,老子为德的执行能力部分提出了最佳实践的取向和标准。它们在现代企业经营管理中仍然非常适用。

"居善地"要求选择最合适的地点(段)或最恰当的市场定位。

选址是办厂、开店或者设立办公和研发机构时要考虑的重要因素。比如在零售行业,业内人士往往会强调说,成功的因素除了地段还是地段。这是因为,"酒好也怕巷子深",只有人流大的地方生意机会才多。对于不同类型的企业,其"善地"也是不一样的。以扩大销售量或准确捕捉时尚信息为目标的企业会选择靠近市场的地点(段)。另外一些企业会寻找包括劳动力、租金以及物流配送等最便宜的地方以实现总成本最低。研发机构或创意企业则要贴近创造型人才最集中的地方去开设工作室。

在产品设计和营销推广中,"居善地"体现为准确的定位,让品牌能够占据顾客心目中最重要的位置。在营销实践中,通常是从受到忽略的各个细分市场中,选择比较符合品牌个性的细分客户群作为目标市场,然后在产品、定价、渠道和推广等经营环节进行相应调整,以最能打动目标客户的方式占据消费者感知价值的高位。从整体上看,在准确的市场细分和目标客户群的选择基础上进行的恰当定位可以让研发出来的产品提供给最需要它们的消费者,从而避免浪费和低效使用。

"心善渊"可以从两个维度来理解。第一个维度是视野。在此,"心善渊"就是善于不断深入地观察思考。用心深入观察问题是系统解决问题的前提。"孔德之容,唯道是从"要求行道过程深入细致地搜索道提供的创造方向和空间,而"明道若昧,进道若退,夷道若纇"的特点决定了不能肤浅地只看表面现象,碰到问题浅尝辄止。联系经营管理实践,"居善地"选择恰当的地点(段)和定位只是获得了一个接近客户的便利,进一步深入细致地观察客户的喜好不断提高产品的适用性和优化产品线才能够让客户满意和忠诚。有了纵深的视野,就总会发现不足,从而明确持续改善的方向。按照这样的要求,管理发展到一定阶段,很自然地就会产生类似全面质量管理、六个西格玛等质量管理方面的最佳实践。

第二个维度是容纳。与心胸狭窄相反,"心善渊"要求有最大的包容心。能够包容,就能够战胜行道过程中将遇到的任何误解和挫折,再大的冲击都会化为平淡。能够包容,也就能够主动把普济世人、善于分享、注重节俭和呵护自然等"浑心"建立的使命和责任内化到自己的努力过程中,从而保证事业的可持续性。

"与善人"的最后一个字在《道德经》的各种版本中不一样。有些版本是"仁",还有版本是"天"。从《道德经》的原意推断,由于老子讲过"天地不仁"和"圣人不仁",所以这里若提倡同情友爱和尊崇的"仁"势必会产生前后矛盾。而且按照永续创造方略的实施要求,强调同情友爱和尊崇也容易导致感情用事,于事无补。"与善天"也显得语义不通。相反,根据"夫唯道,善贷且成"和"既以为人己愈有,既以与人己愈多"的思想,分享可以促成道的势能发掘和价值的创造,所以"与善人"的确应当作为行道实施的一项指针。

在通过"浑心"建立分享理念的原则基础上,"与善人"要求在实施过程中采取针对性的行动措施。具体地,"与善人"至少要分两步来进行。

第一步要了解和确定谁是"善人"。根据前面介绍过的内容,老子眼中的"善人"是掌握了道所指方向并善于将之势能发掘出来奉献给社会的有道有德之人。由于道有大小,每一个大的道下面有众多小的道,"善人"不仅包括那些最先发现大道的有道者,而且还可以包括行道建德的具体实施者。所以,只要是对有道和行道建德做出贡献者都属于"善人"。

第二步是对"善人"给"与"相应的利益分享。对于不同类别的"善人",应当运用不同的分享方式以形成恰当的激励机制。例如,上面提到的星巴克例子里,授予股权期权就是一种激励员工为公司长期绩效努力的机制。

需要说明的是,"与善人"与日常生活中的慈善活动是不同的。也就是说,它与"人之不善,何弃之有"所关注的人群和关注的目的是不同的。前者是对行道建德有贡献者的分享和奖励,后者则是对生活有困难者的救助。

"言善信"强调方略实施中的重信守诺。在行道建德过程中,不论是实施激励还是承担责任,都需要事先取得信任,事后遵守承诺。朝令夕改,出尔反尔,遇损失推给别人,取得财富自己想着多占,任何此类将导致失去信任和信用的行为,都足以使围绕历变不衰目标的长期努力前功尽弃。因此,永续创造方略需要一个长期稳定的信用和信任关系网络作为基础。而这与现代经营管理中的品牌管理和社会网络思想一致。品牌作为一种标记具有一种永久承诺的特性。品牌不仅要有知名度、美誉度,还要有忠诚度,而提高忠诚度的关键在于"言善信"。

"政善治"要求有一个能够很好平衡全体利益相关者关系而有利于永续创造的治理机制。由于永续创造需要不断地开拓和舍弃,涉及新增利益的分享和既得利益的调整,所以持续做到"居善地""心善渊""与善人"和"言善信"的关键在于大量复杂的利益冲突得到妥善解决。

"事善能"要求从事最能发挥自己专长的事情。创造需要专才发挥专长展开专注的工作,因此心无旁骛地做自己擅长的事也是永续创造方略成功的保障。企业业务经营范围的选择也是如此。竞争的日益加剧和技术与市场的快速变化也迫使企业更加聚焦于主营业务或者某些价值链环节以形成竞争优势。同样,在企业内部,专业化分工早已成为通行的做法。

"动善时"即选择最恰当的时机采取行动。对于一个道所提供的发展机遇来说,这包括了进入的时机选择和退出的时机选择。时机的选择往往是很难的事情。比如在产品生命周期管理上,进入时机如果过早,那么可能因为市场尚未发育成形而得不到认可;如果过晚则会失去先机而陷于价格大战。

对于退出来说也是一样,如果退出过早,应获得的现金收益白白流失;但不能及时退出,自己的产品老化则给了人家新的替代产品以长驱直入的机会。

在实施的路线上,老子建议采取分解简化的方式,把容纳了大量复杂因素的系统加以分解,化大为小,化复杂为简单。"图难于其易,为大于其细。天下难事,必作于易;天下大事,必作于细"告诉我们,化繁为简、由易而难可以帮助我们在实施中克服困难。不过,在这种常用方法的使用中,应该注意两个相辅相成的方面:一是细节制胜。始终保持不以事小而不为的谦卑态度把每个细节都做好,"是以圣人终不为大,故能成其大。"二是知难而进。必须认识到由易而难的分解简化只是为解决难题创造有利条件的一种路径,它并不能代替难题的最终解决。因为"夫轻诺必寡信,多易必多难。是以圣人犹难之,故终无难矣"。

旁注:图难于其易,为大于其细。天下难事必作于易;天下大事必作于细。是以圣人终不为大,故能成其大。夫轻诺必寡信,多易必多难。是以圣人犹难之,故终无难矣。(六十三章)

附:本讲对应的《道德经》原文及其译文

13.1 唯施是畏

【原文】

使我介然有知:

行于大道,唯施是畏。

大道甚夷,而人好径。

朝甚除,田甚芜,仓甚虚;

服文采,带利剑,厌饮食,财货有馀;

是为盗夸。

非道也哉!

(五十三章)

【译文】

让我介然猛醒的是:

走上大道,最让人畏惧的是实施。

大道本身很平坦,然而人们却喜欢抄近路。

朝政废弛,田地荒芜,粮仓空虚;
身着华服,腰佩利剑,饱食终日,搜刮民财;
简直是些窃国大盗。
这些人根本没走上正道!

13.2　德之七善

【原文】

居善地;
心善渊;
与善人;
言善信;
政善治;
事善能;
动善时。

(八章)

【译文】

居住在最合适的场所;
胸怀最广大的人群;
分享给对创造有贡献的人;
言而要有信;
行政治理要政通人和;
专注做最擅长的事;
在最恰当的时机采取行动。

13.3　图难于其易

【原文】

图难于其易,为大于其细。
天下难事必作于易;
天下大事必作于细。
是以圣人终不为大,故能成其大。
夫轻诺必寡信,多易必多难。
是以圣人犹难之,故终无难矣。

(六十三章)

【译文】

处理困难的事要从容易的地方入手,成大事要关注细节。

对待天下难事一定要从易到难;

对待天下大事一定要从小处做起。

因此有道者始终不自大,故能成其大事。

轻视诺言势必失去信任,把事情总想象得太容易必会遭受更多的困难。

由于有道者认真对待困难,所以最终没有不可克服的困难。

第十四讲 · 无败

即使花了很大力气去发现道,但还是有可能没有任何收获;即使发现了道的存在,采取了有针对性的措施,但还是可能遇到很大阻碍而无法取得预期成果。所以,创造是有风险的。而且,永续创造则将永无止境地面对风险,永远需要考虑风险的控制和管理。

一般来说,风险控制和管理是组织对其面临的风险,运用各种风险管理策略和技术所做的处理过程。风险控制和管理可以在损失事故发生前、发生时和发生后来进行,但不同时点的目标不同。损失事故发生前,要通过风险控制预防损失;损失事故发生时,通过危机管理减轻损失;损失发生后,则通过风险管理弥补损失。由于事关永续创造进程的确保,《道德经》把关注焦点集中在损失事故发生前,并为之提出了控制风险、避免失败的四条基本原则。

● 其一,防患于未然并慎终如始。

在方略设计和实施的一开始就注重风险控制并一直谨慎地保持到最终完结。老子说,"民之从事,常于几成而败之。"究其原因,就是没有从一开始就注意控制风险。很多人是等事故发生了以后才后悔没有事先采取措施,但为时已晚。

由于事先进行风险控制需要观察入微且行动周密,缺乏细心和耐心的人通常出于侥幸心理而觉得没有必要。对此,"其安易持,其未兆易谋。其脆易泮,其微易散"是想告诉我们,事先加以防范其实更为有利于保证永续创造进程的持续。

其安易持,其未兆易谋,其脆易泮,其微易散。为之于未有,治于未乱。合抱之木,生于毫末;九层之台,起于累土;千里之行,始于足下。民之从事,常于几成而败之。慎终如始,则无败事。(六十四章)

所以,伴随创造过程的"为之于未有",一定要进行控制风险的"治之于未乱。"

进一步地,不能因为贪图取得快速进展而忽略了风险控制。这是因为,"合抱之木,生于毫末;九层之台,起于累土;千里之行,始于足下。"

总之,"慎终如始,则无败事"应成为风险控制的基本信条。

● 其二,专注创造避免积怨。

> 夫唯不争,故无尤。(八章)

相较围绕既有利益与对手展开激烈争抢而言,专注创造开拓未来的对手是自己,所以不易四面树敌而招致怨恨。对此,老子说"夫唯不争,故无尤"。"尤"在这里可理解为怨恨。所以整句的意思是唯有专注创造,才能不招人怨恨或者避免竞争中的过失。

● 其三,不受诱惑而涉险地。

> 出生入死。生之徒,十有三;死之徒,十有三;人之生,动之于死地,亦十有三。夫何故?以其生生之厚。盖闻善摄生者,路行不遇兕虎,入军不被甲兵;兕无所投其角,虎无所用其爪,兵无所容其刃。夫何故?以其无死地。(五十章)

老子在《道德经》中生动地分析说,"出生入死。生之徒,十有三;死之徒,十有三;人之生,动之于死地,亦十有三。夫何故?以其生生之厚。"也就是说,有大约三分之一的人本来可以活得更久,却由于其图谋过于庞大或者心存贪念而导致死亡。

为什么"生生之厚"会导致"动之于死地"?

"生之厚"可以理解为对生活内容或生存资料的索取期望和能力。如果把第一个"生"字按逞强或生硬来解,那么"生生之厚"就是说逞强超越自己所需或所能而提出过度索取要求,进入本不该做的领域或从事本不该做的活动。而这些领域或者活动是自己所不熟悉或者难以适应的。当环境变得不利时,则会暴露出其弱点而被首先淘汰。

例如,有些企业本来是为了规避外汇风险进行套期保值,但在利诱之下却选择了累计期权之类的貌似可以"避险"的金融工具,从而使自己陷入了对赌的圈套之中。市场行情一旦逆转，瞬间导致身家全无。这在之前爆发的金融危机中得到充分验证。类似的现象例如在近期股市暴跌中的大量场外配资炒股者被强制平仓以致名下财富灰飞烟灭。究其背后的动因，除了失察之外，正是谋取额外好处的贪念在作怪。

更多的企业在现有的主业获得成功后，选择将积累的资金投入多个不同的领域从事多元化发展。这看起来符合不要把鸡蛋放在一个篮子里的分散风险原理，但是在环境快速变化的情况下，同时在多个行业展开与选择专业化发展的企业进行竞争，很容易由于都处于劣势而增大了风险，最终可能一事无成。寄希望于偶然所得的机会主义策略不仅不能确保创造得以持续反而会对其永续创造方略的实施带来实质性干扰。

如何避免"动之于死地"？

老子形容说，"盖闻善摄生者，路行不遇兕虎，入军不被甲兵；兕无所投其角，虎无所措其爪，兵无所容其刃。夫何故？以其无死地。"也就是说，根本的办法还是不要逞强扩充"生之厚"期望值以至进入危险的地方。换句话说，长寿者的秘诀在于不涉险地而给外部威胁力量以可乘之机。

问题是，不涉险地原则是否会与无惧风险"处众人之所恶"的创造性探索精神相抵触？

行道建德要求不惧怕风险，经得起败、苦、辱的折磨而"处众人之所恶"，但这不意味着可以四处出击去冒险。其实，行道建德反而要求更懂得抑制无关多元化的冲动以确保道的探索中所遇困难的突破，从而保证历变不衰之道的实现。而且也正因为创造性探索需要承担高度风险，才需要在其他方面尽可能地减少涉险因素。所以这是一个冒险与避险的兼顾与平衡，完全符合老子的辩证思维。

如果说前面第一条原则是对行道建德的纵向风险控制，那么专注创造和不涉险地这两条原则主要是对行道建德的横向风险控制。

- **其四，保持和善、节俭和永续创造的精神。**

前三条原则有明确的应用场合。第四条原则深入一层，从理念、精神和文化等方面提出了风险控制和管理中需要遵循的信念。

老子提出要借"慈"、"俭"和"不敢为天下先"三样宝贝才能确保历变不衰的实现。其理由来自道的宏大无边。

他说，"天下皆谓我道大，似不肖。夫唯大，故似不肖。若肖，久矣其细也夫！"也就是说，正因为道的作用大到无形无状，所以人在道面前永远是渺小的，故而应当心存敬畏，不要因已经取得的些许成功就自以为能驾驭道从而采取对道巧取豪夺、对道予取予求的态度。

而且由于"大曰逝，逝曰远，远曰反"，"道大"也意味着道变，所以不能以为这次领先就必定次次领先。否则的话，就会对变化及其所带来的风险不以为然、掉以轻心或者肆意进入险地。所以，老子警告说"今舍慈且勇，舍俭且广，舍后且先，死矣！"

具体地看看老子的三件宝贝。

第一件宝贝是"慈"。

说到"慈"，很自然地就会想到"仁"，因为日常生活中大多是把两者放在一起说"仁慈"的。但前面我们说老子奉行的是"圣人不仁"的理性思维，那么为什么他反对"仁"又要提倡"慈"呢？

细究起来，可以发现"慈"和"仁"在此的确存在实质差别。

前面提到过，"仁"是基于同情的友爱和基于尊崇的敬爱，例如孔子提倡的仁爱更多是对下位者和同位者的要求；而"慈"是基于本性的和善，例如发自内心的慈母之爱，要求的是上位者对下位者的真诚关怀和倾心担当。因此，"慈"与德的心胸广阔和包容要求相一致。假设在一项涉及利益冲突的事件面前，如果以出于同情，容易造成偏袒其中弱势一方；如果出于尊崇来处理，则容易出现袒护强势一方的现象，这些都违

天下皆谓我道大，似不肖。夫唯大，故似不肖。若肖，久矣其细也夫！我有三宝，持而保之。一曰慈；二曰俭；三曰不敢为天下先。慈故能勇；俭故能广；不敢为天下先，故能成器长。今舍慈且勇，舍俭且广，舍后且先，死矣！夫慈以战则胜，以守则固。天将救之，以慈卫之。
（六十七章）

反不偏不倚的理性原则；但是此时，对双方都采取和善的态度却有助于缓解对立情绪。所以，提倡"慈"与不提倡"仁"是不矛盾的。

"慈"或和善的反义词是凶狠、霸道。如果不能做到以"慈"待人，处事有恃无恐甚至拳脚相向，就很容易忽视或者忘记风险的存在，当然也就做不到"慎终如始"地控制风险。

为什么"慈故能勇"？

细细想来，"慈"会让人抱着良好的初衷、愿望和责任感去行道建德，勇于担当和面对一切困难而不畏缩；"慈"会让人以最大的耐心和细心和风细雨般地开展工作，因而能避免不必要的冲突和及时发现漏洞予以防范；"慈"会让人能够以最大的承受力和适应性接受道消逝而去又生生不息的持续创造挑战。故"慈"帮助人们进可取、退可守，是永续创造方略立于不败之地的重要保障。所以老子说，"夫慈以战则胜，以守则固。天将救之，以慈卫之。"

第二件宝贝是"俭"。

"俭"的意义已经由前面讨论过的"治人事天，莫若啬"所揭示。

"俭"为什么能帮助控制风险呢？

"俭故能广"，即是说保持节俭既能够让更多人受益而避免骄奢，同时也能在一旦发生危机时具有更多资源可供用来弥补不足。这与"夫唯啬，是谓早服；早服谓之重积德"是一个意思。

第三件宝贝是"不敢为天下先"。

乍看起来，一方面要永续创造开拓未来，另一方面又"不敢为天下先"，这不是彻头彻尾的自相矛盾吗？

这里涉及"为"的时态到底是将来时还是现在时。如果是将来时，"不敢为天下先"就是不敢去开拓未来，则是再明显不过的自相矛盾。但如果是现在时，"不敢为天下先"的意思就是不敢当作天下先或者不敢以天下先自居，那么它与永续创造之间不仅没有矛盾而且恰恰是后者需要的不甘落后而积极进取的心态。也就是说,处于领先是大家都想要的良好感觉,问题是当下领先未必意味着未来领先。

试想一下,在快速变化的世界里,此刻的领先到下一刻就很可能被新的创造所替代。如果自认为已经是领先者且未来还会保持领先,那么就会飘飘然地自以为得意,不自觉地故步自封起来,那么下一刻的领先者就将会是别人。于是,从风险控制和防范的角度看,在快速变迁中停顿不前将面临位置被替换、事业被颠覆的危险。

> 为者败之;执者失之。是以圣人无为故无败,无执故无失。(六十四章)

所以,老子说"为者败之;执者失之。是以圣人无为故无败,无执故无失。"其中"执"可理解为坚持或固守。如果没有对"无为"以边际思维来界定,"无为故无败"就会被理解为不做事就不会犯错。现在问题是,在快速变化的世界里,及时弃旧图新才是避免失败的根本保障。也许还会有人问,难道创造就没有风险吗?的确,创造面临的不确定性极高,但道的生命周期规律决定了只有面向未来,在"有道"和善施上下功夫,才可以化风险为机遇和有利成果。

由此可知,老子的真实意思是:与其"自矜者不长",不如始终把自己当作是一个落后者或者即将是一个落后者,这样才会不断获得永续创造的动力。正如微软创始人比尔·盖茨"微软离破产永远只有18个月"的名言以及华为公司把企业的"冬天常态化"一样,强烈的危机意识恰恰构成历变不衰即"成器长"的精神源泉。

附:本讲对应的《道德经》原文及其译文

14.1 治之于未乱

【原文】

其安易持,其未兆易谋,其脆易泮,其微易散。

为之于未有,治之于未乱。

合抱之木,生于毫末;

九层之台,起于累土;

千里之行,始于足下。

民之从事,常于几成而败之。

慎终如始,则无败事。

(六十四章)

【译文】

事物安稳时容易维持,没有问题征兆时容易谋划,脆的东西容易碎,微小的东西容易散落。

开创要在事情没有产生之前,治理要在没有出现乱子之前。

双臂合抱的大树,生于微小的根芽;

九层高台,由筐筐碎土累起;

千里行程,开始于迈出的第一步。

百姓做事,常有几成归于失败。

直至结束都像一开始那样谨慎,就不会失败。

14.2　不争无尤

【原文】

夫唯不争,故无尤。

(八章)

【译文】

因为不与他人争夺,所以不招人怨。

14.3　不入死地

【原文】

出生入死。

生之徒,十有三;

死之徒,十有三;

人之生,动之于死地,亦十有三。

夫何故?

以其生生之厚。

盖闻善摄生者,路行不遇兕虎,入军不被甲兵;

兕无所投其角,虎无所用其爪,兵无所容其刃。

夫何故?

以其无死地。

（五十章）

【译文】

出世即生，入地即死。

长寿者占三分之一；

短命者占三分之一；

本来可以长寿却短命者也占三分之一。

这是为何？

是因为对生活索取过于丰厚。

常听说善于养生的人，走路不会遇到犀牛或老虎，征战不会受到兵士伤害；

犀牛不能用角顶他，老虎不能用爪抓他，兵士不能用刀刃伤他。

这又是为何？

因为他避开了死地。

14.4　不敢为天下先

【原文】

天下皆谓我道大，似不肖。

夫唯大，故似不肖。

若肖，久矣其细也夫！

我有三宝，持而保之。

一曰慈；

二曰俭；

三曰不敢为天下先。

慈故能勇；

俭故能广；

不敢为天下先，故能成器长。

今舍慈且勇，舍俭且广，舍后且先，死矣！

夫慈以战则胜，以守则固。

天将救之，以慈卫之。

（六十七章）

【译文】

天下都说道大,似乎无形无状。

正因为大,所以无形无状。

如果有形有状,看得久了也就细致了!

我有三件宝贝,要珍藏保持。

一是和善;

二是节俭;

三是不敢当作天下先。

和善所以能勇往直前;

节俭所以能广施德善;

不敢当作天下先,事业才能长盛不衰。

现今社会放弃和善与勇往直前,放弃节俭和让更多人受益匪浅,放弃警惕落后和持续领先,结果是致命的呀!

和善用以征战则可以胜利,用以防守则可以坚如磐石。

上天要救一个人,是授以和善来当利剑的。

【原文】

为者败之;

执者失之。

是以圣人无为故无败,无执故无失。

(六十四章)

【译文】

维持者会失败;

固守者会丧失。

所以有道者愿舍弃就不会失败,不固守就不会丧失。

第十五讲 知止

由"不欲盈"和"不敢为天下先"到追求永续创造以实现历变不衰，要求在制定方略时就认真考虑从当前的道上退出和转换到新的道上的问题。老子把这个环节的任务称为"知止"，也就是懂得终止和放弃。

在根本上，知止的必要性来自道的生命周期有限性。老子把这个规律概括成"无为"。在《道德经》中，"无为"首先是一种客观规律。前面提到过，"无为"直译起来意思应为"为而之后不再为"，其前提是曾经"为"过，而到了生命周期后期则转入衰减至终止。所以"无为"是道有生命周期的题中应有之义。

"无为"的客观性决定了人类在主观上应当与客观规律取得一致并在行动上加以落实。但后人常常就此把"无为"看作是消极的无奈之举。老子在《道德经》中也预见到了这一点，说"不言之教，无为之益，天下希及之"。正是由于人们没有看到"无为"的好处，理性原则决定了他们不会及早采取行动。

到底"无为"具有哪些人们很难触及的益处呢？

老子说，"天下之至柔，驰骋天下之至坚。无有入无间，吾是以知无为之有益。"其中，"天下之至柔，驰骋天下之至坚"这一句比较容易理解。老子在这里是借柔弱的水能冲刷坚硬的沙石等自然现象，来说明柔能克刚、水滴石穿的道理。

但"无有入无间"如何理解？老子又是如何从"无有入无间"中了解到"无为"的好处的？

"无间"是说没有缝隙。"无有"的意思是让有变没而不再

> 天下之至柔，驰骋天下之至坚。无有入无间，吾是以知无为之有益。不言之教，无为之益，天下希及之。（四十三章）

存在,也就是原来有的东西即将或者已经消散而去。那么,"无有入无间"是说,只有既有的东西消散去了才能进入到没有缝隙的物体中去。

为什么消散了才能进入?

仍以最能代表以柔克刚的水滴石穿现象来说明。要穿透毫无缝隙的石头,水无法做到仅靠一两次的冲击就能成功。正是靠着一次次夜以继日的不懈努力才最终实现水滴石穿。而其中的关键是,每一次冲击都是由不同的水珠完成的。如果一滴水珠冲击之后不愿离开,那么就会形成缓冲力量而阻碍下一滴水珠的冲击力。于是就出现了水潭而非被滴穿的石洞。

所以,如果让每粒水珠都不放弃由自己滴穿石头的目标,那就是个无法完成的任务。只有每粒水珠滴下来之后马上离开冲击点"无有"消散而去,才为其他水珠的后续冲击最终实现"入无间"提供了前提条件。

从"无有入无间"中,老子看到水珠为实现水滴石穿而消散与追求历变不衰的行道过程的相似性,由此感悟到"无为"对于历变不衰的重要意义。同样,历变不衰目标之下的行道过程也不是一次两次就完成了的。如果在任一次行道的末端不愿离去,永续创造过程都会就此中断。

于是,"无为"不是一次性行道的终结,此处"无为"是为了到他处大有作为。因此"无为"是弃旧以图新或主动舍弃的积极行为。"道常无为而无不为"明确告诉我们:客观世界的现实是,每个道到了成熟阶段就不再提供进一步扩张的趋向和势能,但与此同时又提供无限多的新的发展机遇。

懂得了"无为"的必要性,也就从根本上明白了"故知足不辱,知止不殆,可以长久"和"知止可以不殆。譬道之在天下,犹川谷之于江海"中的道理。

但回归现实,可能还是很难看到这个道理的适用性。那就举个例子来说明。

多年来"为什么这个时代我们的学校总是培养不出杰出

道常无为而无不为。侯王若能守之,万物将自化。化而欲作,吾将镇之以无名之朴。镇之以无名之朴,夫将不欲。不欲以静,天下将自定。(三十七章)

人才"的钱学森之问,困扰着中国大陆的教育界。如果把培养杰出人才看作是一个"无有入无间"的过程,那么很容易可以看出,我们的教育制度和用人制度迫使受教育者太在乎每一次考试的结果而失去了探索未知世界的兴趣和能力。

正如已故著名数学家陈省身先生曾给中国科技大学少年班题词"不要考 100 分"所寓意的一样,为了追求满分,学生把过多时间和精力消耗在了教师利用现有知识精心编织的一两道难题、怪题里。本该转移开即"无有"的时间和兴趣留滞在那里,从而阻碍了自主探索的再次尝试,当然也就不会产生重大的科技突破即做不到"入无间"。

由此可知,要做到"知止"还是存在很多实际困难。困难首先来自在位者和民众对既有地位的恋栈、对眼前确定利益的不舍和对未来得益不确定的躲避。对此,老子劝导说,"名与身孰亲?身与货孰多?得与亡孰病?甚爱必大费;多藏必厚亡",以及"祸莫大于不知足;咎莫大于欲得"等。这些分析的结论都是建议要把不能及时转换到新道可能带来的衰落后果作为损失计算到得失的权衡中,从而使"知足之足,常足矣"成为理性的选择。"知足之足"中后一个"足"是一个预设的满足标准。所以,"知足之足,常足矣"也就是当"知足"有了明确的满"足"标准之后,则可以获得"常足",而不至于在不断变化的经历中飘移不定。

现实中,能否做到"知止"的关键因素是统治者的态度。"侯王"所代表的统治者不是具体的行道建德之人,但他们是国家权力的行使者和社会财富的调节者。如果统治者不愿"知止"而守成,推行的制度都是为维护既得利益而设计的,那么普通的有道者就很难顺利实施永续创造方略。相反,如果他们能够顺应"道常无为"的规律,则为民间有道者的永续创造活动提供了必要条件。

在《道德经》中,老子两次谈到上述问题。一处是"侯王若能守之,万物将自化"。另一处是"侯王若能守之,万物将自宾。天地相合,以降甘露,民莫之令而自均"。其中的"自化"

名与身孰亲?身与货孰多?得与亡孰病?甚爱必大费;多藏必厚亡。故知足不辱,知止不殆,可以长久。(四十四章)

祸莫大于不知足;咎莫大于欲得。故知足之足,常足矣。(四十六章)

知人者智,自知者明。胜人者有力,自胜者强。知足者富。强行者有志。不失其所者久。死而不亡者寿。(三十三章)

是指自然演化；"自宾"是在形容说将会不请自到；"民莫之命而自均"则是说天降甘露不需要百姓的许愿求雨而会自动实现均匀分布。无论是"自化"还是"自宾""自均"，都是在强调道的生生不息演化不以人的意志为转移，由此劝告统治者不要试图延缓变革阻碍进步。

对于统治者无法自制的守成倾向，老子给出的办法是"化而欲作，吾将镇之以无名之朴。镇之以无名之朴，夫将不欲。不欲以静，天下将自定"。也就是，要通过"无名之朴"来抑制对抗演化的行为。

什么是"无名之朴"？它如何起到让天下"自定"的作用？

由"道常无名，朴。虽小，天下莫能臣"可知，道在生命周期的初始阶段是默默"无名"的，因而也是"朴"实无华的。始终把注意力放在初始阶段的开创性任务，也就削弱或消除了守成的欲望。放弃守成的欲望，可以促进新道的不断产生而避免无道时的嘈杂纷争，从而走上历变不衰的"自定"轨道。这正是德厚和至的境界。在道不断交替的条件下，"无名之朴"使"不欲以静"成为常态。此时，"不欲"也符合"处其实，不居其华"的边际分析结果，可以构成实现历变不衰的最优化决策。

那么"知止"的时机如何把握？

老子给出的答案是"始制有名。名亦既有，夫亦将知止"。也就是，随着行道的开始，道变得清晰而可加以区分命名。既然已有了大噪的声名，也就到了其绩效最为彰显或态势最为繁荣之时。那就该是知止退出的时候了。

对永续创造方略，《道德经》提出了以"知止"为中心的节奏控制和及时转型等生命周期管理思想，要求按照"无为"的规律预设道的发掘深度，同时也作"无不为"的努力及时切换到新一轮创造的轨道上。于是，方略从"知止"又回到了"有道"，从而构成了一个从"有道"、"善施"、"无败"到"知止"再到新一轮"有道"的完整闭环。当变化成为常态时，这些环节则化为交织重叠在一起的日常方略管理内容。

> 道常无名，朴。虽小，天下莫能臣。侯王若能守之，万物将自宾。天地相合，以降甘露，民莫之令而自均。始制有名。名亦既有，夫亦将知止。知止可以不殆。譬道之在天下，犹川谷之于江海。(三十二章)

第十五讲·知　止

方略管理能否形成这个循环往复的闭环,关键在于"有道"和"知止"这两个需要保持相互衔接的环节。而其中"有道"的关键还在于了解创造者行为、鼓励创造精神和推广运用创造性思维方法,"知止"的关键又在于组织领导人的素质、组织文化对变革的接纳以及组织与外部的关系等。沿着这个线索,《道德经》进一步提出了相应的创造者行为理论和永续创造型组织理论。当然,老子在《道德经》中所针对的是国家组织,但在后面的讨论中我们会把视线扩大到企业组织,以发现其一般指导意义。

附:本讲对应的《道德经》原文及其译文

15.1　不欲以静

【原文】

道常无为而无不为。

侯王若能守之,万物将自化。

化而欲作,吾将镇之以无名之朴。

镇之以无名之朴,夫将不欲。

不欲以静,天下将自定。

(三十七章)

【译文】

道常终止旧的作为而提供源源不断的新的作为机会。

侯王如果能遵守这一规律,万物会自我演化。

为了避免对演化进行抵制,我建议以道的无名之浑朴来制约。

以道的无名之浑朴来制约,人们将削减欲望。

削减欲望可以让人平静,天下就可自我安定。

15.2　无有入无间

【原文】

天下之至柔,驰骋天下之至坚。

无有入无间,吾是以知无为之有益。

不言之教,无为之益,天下希及之。

(四十三章)

【译文】

天下之最柔弱的东西,穿行于天下最坚硬的东西之中。

消散而去的东西可以进入没有缝隙的物体里,我由此领悟到无为的益处。

以身作则式的教导,无为的好处,天下很少能达到。

15.3 知止不殆

【原文】

名与身孰亲?

身与货孰多?

得与亡孰病?

甚爱必大费;

多藏必厚亡。

故知足不辱,知止不殆,可以长久。

(四十四章)

【译文】

名声与生命哪个更值得珍惜?

生命与财产哪个更重要?

得与失哪个损害更大?

过度喜爱必然付出高昂费用;

大量占有必然损失惨重。

所以,知道满足可以避免受辱,知道停止可以避免危害,从而可以长治久安。

【原文】

祸莫大于不知足;

咎莫大于欲得。

故知足之足,常足矣。

(四十六章)

【译文】

最大的灾祸是不知道满足；
最大的错误是渴望得到时的贪婪。
所以,把握好满足的度,知足常乐胜财富。

【原文】
知人者智,自知者明。
胜人者有力,自胜者强。
知足者富。
强行者有志。
不失其所者久。
死而不亡者寿。
(三十三章)

【译文】
能了解别人的人有智慧,能了解自己的人最明智。
能战胜别人的人有力量,能战胜自己的人最刚强。
知道满足的人富有。
知其不可为而为之的人有志气。
能不断找到其位置的人持久。
故去而不被忘记的人长寿。

15.4　名有则止

【原文】
道常无名,朴。
虽小,天下莫能臣。
侯王若能守之,万物将自宾。
天地相合,以降甘露,民莫之令而自均。
始制有名。
名亦既有,夫亦将知止。
知止可以不殆。
譬道之在天下,犹川谷之于江海。
(三十二章)

【译文】

道常常处于无名而不为人知的浑朴状态。

虽然很弱小,但天下没有谁能让它称臣。

王侯如果能坚守等待,万物将不期而至。

天地互相作用降下的雨露,不需人的号令就会自发均匀分布。

随着建树的进展而逐渐有了名分。

既然有了名分,就应该开始知道停止或放弃。

知道停止或放弃可以避开危险。

比如天下之道,就像河川峡谷之水最终都要汇入江海一样。

第五篇　如何能够善于创造？

有道需要依靠创造型人才及其创造力的发挥。一个缺乏创造精神和创造力的人是没有前途的，一个只知道模仿的企业是没有明天的，一个不注重培养和发挥创造力的国家是没有希望的。那么，什么样的人才富有创造力？实行永续创造方略的社会需要提倡什么样的创造精神？怎样才能提高我们的创造力？这些都是接下来要关心的问题。

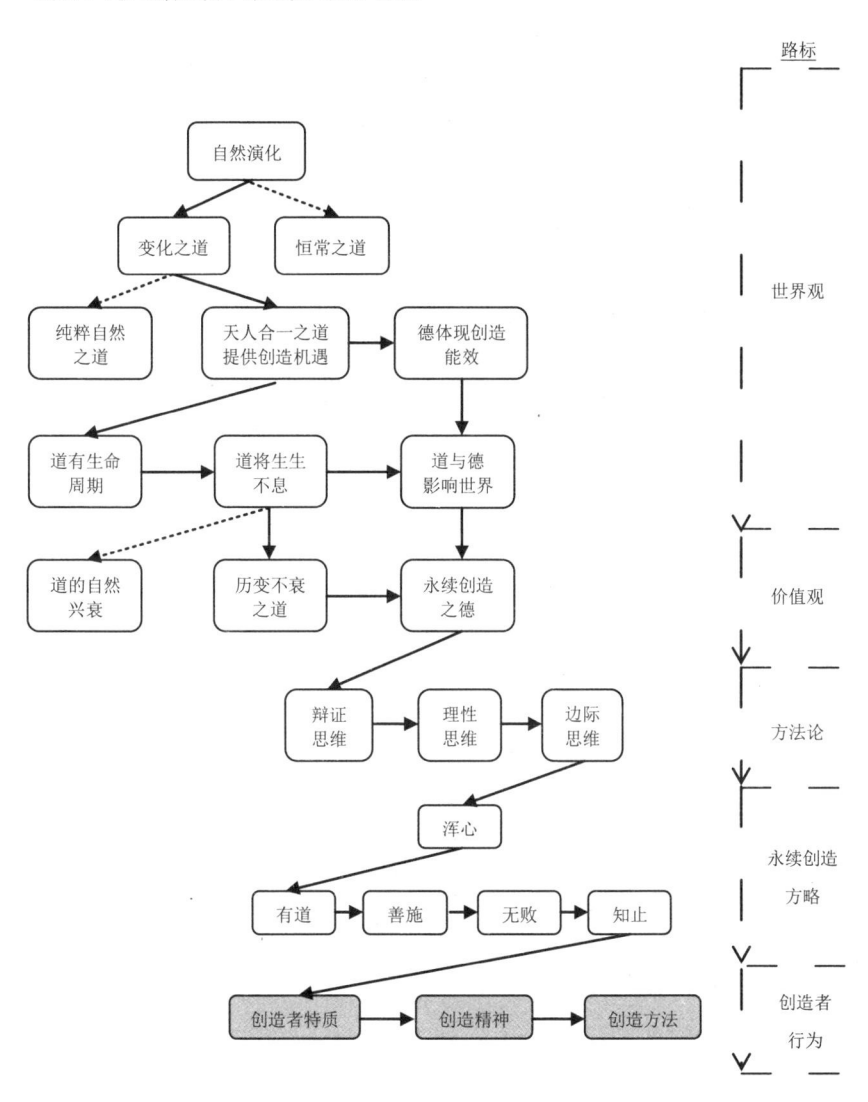

```
                                          路标
              自然演化
              ↙   ↓   ↘
       变化之道      恒常之道              世界观
       ↙   ↓   ↘         ↓
  纯粹自然  天人合一之道   德体现创造
  之道      提供创造机遇   能效
              ↓             ↓
         道有生命 → 道将生生 → 道与德
         周期      不息      影响世界
              ↓      ↓          ↓
         道的自然   历变不衰   永续创造     价值观
         兴衰      之道      之德
                              ↓
                    辩证 → 理性 → 边际      方法论
                    思维   思维   思维
                                 ↓
                              浑心
                                 ↓
                    有道 → 善施 → 无败 → 知止   永续创造
                                                方略
                                 ↓
                    创造者特质 → 创造精神 → 创造方法  创造者
                                                    行为
```

第十六讲·创造者人格特质

有道需要具有独到眼光和发明发现能力的创造型人才。一个缺少创造型人才或者培养不出足够多创造型人才的社会,就只能陷于停顿或者跟在人家后头受制于人。但创造型人才在哪里？或者说哪些人属于创造型人才？他们都有哪些与众不同的人格特质？只有弄清楚这些问题,才能谈得上包容他们以致发挥他们的作用。

对于这些问题,老子首先谈到创造型人才的判别之难。他问道,"唯之与阿,相去几何？美之与恶,相去若何？"的确,在实际中我们想要的东西常常是与不想要的东西混在一起的,而且难以区分。这正是常言所道,天才与白痴只有一步之遥。

一生共有约两千项发明创造的发明大王爱迪生,小时候只上了几个月的学,就被辱骂为"低能儿"而不得不退学回家。被诺贝尔基金会评为该奖(不含和平奖)百年史上最受尊崇获奖者的爱因斯坦,9岁之前很少说话,好不容易开口了也说得非常慢。因此,爱因斯坦的父母常常觉得自己的孩子智力上有问题。甚至爱因斯坦十六岁时报考瑞士苏黎世的联邦工业大学工程系,入学考试也宣告失败。

由此可见,创造型人才的人格特质与常人不同,通常具有反常另类的特点。但由于社会对反常另类的人存在偏见甚至打入另册,在"人之所畏,不可不畏"的压力下,创造型人才的

> 唯之与阿,相去几何？美之与恶,相去若何？人之所畏,不可不畏。荒兮,其未央哉！众人熙熙,如享太牢,如春登台。我独泊兮,其未兆；沌沌兮,如婴儿之未孩；累累兮,若无所归。众人皆有余,而我独若遗。我愚人之心也哉！俗人昭昭,我独昏昏。俗人察察,我独闷闷。众人皆有以,而我独顽似鄙。我独异于人,而贵食母。(二十章)

成长之路往往不会通畅。如果不是爱迪生的父母给予的宽容和支持,那么他的发明才能势必被扼杀。

遗憾的是,"荒兮,其未央哉!""央"在这里的意思是终止结束。所以,这种压制创造型人才成长的状况远未结束。时光虽然已过去2 500多年,但直至今日,人们还不时感受到它的存在和危害。

为了帮助更好地认知创造者的人格特质,老子从两个角度进行了描绘。一个角度是以第一人称来进行描述;另一个则以第三人称加以刻画。

第一人称描述的对象针对尚未成型或者还未有道的创造者。这些人具有以下特征:

- 其一,宁静淡泊。

"众人熙熙,如享太牢,如春登台。我独泊兮,其未兆"就描写说,众人欢快地享受生活,而自己却没有任何冲动开始参与其中。童年时代的爱因斯坦据说就是这样。他独来独往,时常故意躲开小伙伴、同学,即使同亲人在一起,他也只是一个沉默的听众。谁要是破坏了他独处的心境,一向沉静的他会突然爆发出难以自制的激烈情绪。不爱和人交往的小爱因斯坦喜爱那些需要耐心和坚韧的游戏,比如用薄薄的纸片搭房子,不成功绝不罢休。

- 其二,富有好奇心。

"沌沌兮,如婴儿之未孩"形容创造者像刚出生的婴儿一样,对什么都感到新鲜好奇以至成人都认为他们愚钝无知。其实,好奇心是个体的人对外界新鲜刺激的探究性反应。婴儿虽"沌沌兮"什么事都还不懂,但具有天生的好奇心,表现为对周围事物的注视、观察、探索等。好奇心可以是说创造力的前奏曲,没有好奇心,就很难发现新的机遇。

- 其三,缺乏成就感。

"累累兮,若无所归"形容对成堆连串的问题,自己找不到最终的解答。"众人皆有馀,而我独若遗"则进一步对比说,别人都觉得满载而归富有成就感,唯有自己感到失去了什么。成就感的缺乏,给创造型人才一个强大的驱动力,使他们总是把目光投到更具挑战性的事情上。

- 其四,不计得失。

受好奇心而不是功利心驱使,创造型人才为了寻找答案苦苦钻研往往会愿意放弃一切。事实上,穷尽其毕生努力也未获成功者大有人在。在旁人看来,这样做愚蠢至极。"我愚人之心也哉!俗人昭昭,我独昏昏。俗人察察,我独闷闷"就是感叹创造型人才在这方面头脑愚钝,不知道像常人那样精明算计。

- 其五,喜欢怀疑批判。

"众人皆有以,而我独顽似鄙"中,"以"作"依"解,故"皆有以"则是大家都有所依照或者有现成的立足点。而"顽似鄙"的意思是顽固地持轻蔑的怀疑态度。这句话的意思也就是说,常人爱引经据典,对既有知识不敢越雷池半步;创造型人才却轻蔑以对,不愿意循规蹈矩,善于独立思考,喜欢挑战权威。

- 其六,偏执地追求与众不同。

"我独异于人,而贵食母"非常生动地揭示了这种特质。"食母"是古时对乳母或奶娘的称谓。什么人离不开乳母?当然是婴儿。哭着闹着要吃奶是婴儿的本能。以追着找乳娘要吃奶那样的本能追求与众不同,可以说是创造者最为本质的人格特质。

苹果公司CEO乔布斯在斯坦福大学的一次毕业典礼致辞中曾引用一份出版物的停刊辞,希望毕业生"Stay Hungry. Stay Foolish"。有译者将这两句的中文意思翻成"求知若饥,虚心若愚"。

但联系乔布斯的创造生涯和致辞身份,可知他应该不会去鼓励一所以探寻人类重大挑战应对方案为己任的研究型大学的毕业生掌握更多的既有知识。

所以"Stay Hungry. Stay Foolish"更准确的内涵应是"求异若饥,好奇若愚",而这恰恰与老子对创造者特质的上述刻画高度吻合。

第三人称刻画的对象是已获成功且继续保持活力的创造者。像爱迪生、爱因斯坦、乔布斯那样一些连续取得了一系列成就的创造力大师,因为能处理好成功后的停留维持问题,可以称得上"善为道者"。他们"微妙玄通,深不可识"。但"夫唯不可识,故强为之容",老子为了帮助人们认识他们还是勉为其难地描述了他们的人格特质:

> 古之善为道者,微妙玄通,深不可识。夫唯不可识,故强为之容:豫兮若冬涉川;犹兮若畏四邻;俨兮其若客;涣兮若冰之将释;敦兮其若朴;旷兮其若谷;混兮其若浊;澹兮其若海;飂兮若无止。(十五章)

- **其一,谨慎加自制。**

"善为道者""豫兮若冬涉川;犹兮若畏四邻"。冬天过冰河时需小心谨慎容易理解,"畏四邻"则较难懂。后者应该是在形容这些创造者在艰难探险时怕惊扰四邻那样的自我克制心境。这与"建德若偷"强调低调的意思相近。

- **其二,既庄重又放松。**

"俨兮其若客"的意思是平时对人恭敬得像到人家家里做客一样,形容做人庄重;但"善为道者"又能做到"涣兮若冰之将释",也就是可以非常放松地思考行事。为什么他们的心态可以放松呢? 比较合理的解释是他们完全从兴趣和好奇出发,没有争夺眼前利益的压力,所以不必紧绷神经地那么在乎结果。

- **其三,淳朴加包容。**

"敦兮其若朴"形容为人厚道纯朴,不谙算计;"旷兮其若谷"则进一步强调"善为道者"的心胸宽广,包容心强,也善于与人分享。

- **其四，视野宽阔又专注。**

在思维方面，"善为道者"具有两个特点。一个是横向思绪万千。"混兮其若浊"形容眼界宽广，思考问题角度多元甚至跳跃，旁人无法了解此刻他在想什么以至会产生其思维混乱的错觉。另一个是纵向反应不断。"澹兮其若海"则是说思绪像大海的波浪一样在大脑中产生连串交互反应，使得对问题的认识不断深化。

- **其五，认准方向不回头。**

"飂兮若无止"是对行动起来具有韧性的比喻，形容一旦确定了方向和目标，"善为道者"就会以超常的毅力像风一样无休止地坚持。

现实生活中的创造者不一定与上述两类人格特质全面吻合。但有三点可以肯定：一是创造型人才的人格特质不仅与众不同，而且在其成长的不同阶段的表现也不同；二是创造者人数偏少；三是创造者的成长面临着种种令人"不可不畏"的抑制因素。

对此，在《道德经》中，老子指出了三条培育创造者和增强创造力的途径。第一条是提倡创造精神，激励更多人立志成为创造者，投身到创造事业中；第二条是推广创造性思维方法，提高创造者的创造力和创造活动成效；第三条是建设永续创造型组织，全面促进创造型人才的成长及其创造力的发挥。前两条属于创造者行为范畴，将在接下来的两讲分别讨论。最后一条的内容则安排在下一篇的相关章节。

附：本讲对应的《道德经》原文及其译文

16.1 独异于人

【原文】

唯之与阿，相去几何？

美之与恶,相去若何?
人之所畏,不可不畏。
荒兮,其未央哉!
众人熙熙,如享太牢,如春登台。
我独泊兮,其未兆;
沌沌兮,如婴儿之未孩;
累累兮,若无所归。
众人皆有余,而我独若遗。
我愚人之心也哉!
俗人昭昭,我独昏昏。
俗人察察,我独闷闷。
众人皆有以,而我独顽似鄙。
我独异于人,而贵食母。

(二十章)

【译文】

唯唯诺诺与呵斥怠慢,有多大差别?
美丽与丑恶,相距又有多远?
众人都畏惧的,不能不畏。
茫茫然,不知道尽头在哪里!
人家兴高采烈地享受生活,如同享受牛、羊、猪三牲之礼或在春天登台游观。
而独有我淡泊处之,没有任何想加入的念头;
混沌无知有如还不会笑的婴儿;
面对成堆难题,没有找到最终答案。
人家都满载而归,而独有我感到缺憾。
我真是个愚钝无知的人啊!
常人洋洋得意,独有我昏头昏脑。
常人精明计较,独有我不知索要。
众人都有所依,独有我固执地瞧之不起。
我对与众不同的渴求,就像儿时吸食母乳。

16.2 微妙玄通

【原文】

古之善为道者,微妙玄通,深不可识。

夫唯不可识,故强为之容:

豫兮若冬涉川;

犹兮若畏四邻;

俨兮其若客;

涣兮若冰之将释;

敦兮其若朴;

旷兮其若谷;

混兮其若浊;

澹兮其若海;

飂兮若无止。

(十五章)

【译文】

古代对道的维持问题处理得好的高人,见识精妙深奥,常人难以辨别。

正因为无法辨别,所以勉强对其加以形容:

谨慎得像冬天涉过冰川;

小心得像提防四周邻国;

恭敬得像在做客;

放松起来像冰将融化;

敦厚起来像朴实的原木;

空旷起来像山谷;

混沌起来像浊水;

波动起来像大海;

发动起来像刮不停的疾风。

第十七讲·创造者身心修养

老子对创造者在充满诱惑和压力的现实世界中如何保持专注的超脱心态和旺盛的创造活力提出了全面的身心修养建言。总结起来,内容涉及使命观、荣辱观、苦乐观和人际观等多个方面。

● **其一,保持清静的使命观。**

创造是一个从无到有的寻道建德过程。在创造者眼里,应能看到现实中尚不存在的意象或意境。不难理解,如果一个人所能看到、所能想象得到的都是现实中已有的东西,则说明还没有可以触发创造性活动的新奇念头进入脑海。这也是创造者在想象力方面需要超出常人的地方。因而,创造者需要进入一个彻底虚无的意境以开展创造性思考。这就是"致虚极"的必要性。

那么,有了"致虚极",为什么还要"守静笃"?

"静"在这里不是指自然环境的寂静,而是人的头脑与心态的"清静"。与开展创造性思考要求的"虚""无"状态相适应,创造者在自己心里需要排除任何嘈杂的干扰因素,形成一个"清静"专一的创造意境。这些干扰因素包括功利性欲望、前人既有的相关创造成果以及自己先前取得的名誉地位等。它们都会对创造者的想象和超越性尝试构成羁绊和限制。所

致虚极,守静笃。万物并作,吾以观复。夫物芸芸,各复归其根。归根曰静,是曰复命。复命曰常,知常曰明。不知常,妄作,凶。知常容,容乃公,公乃王,王乃天,天乃道,道乃久,没身不殆。(十六章)

以,"守静笃"是在"致虚极"的基础上,进一步要求创造者能够坚守清静的心境而不能有丝毫浮躁。这实际上更是从一次性创造提升到持续性创造所需具备的条件。换句话说,如果要想创造不止一次,实现像爱迪生、爱因斯坦、乔布斯等那样的再创辉煌甚至创造不止,老子认为这就需要做到"守静笃"。他说对"万物并作,吾以观复"的结果发现"夫物芸芸,各复归其根",即事物无论多么繁茂,最终都要各自返回其本源的虚无混沌。对于志在永续创造的有道者来说,"归根"而重回清静正是创造成功后转入又一次新的创造所需要的,于是它就与"守静笃"取得了一致。所以,清静是"善为道者"应注意保持的心境。

问题在于,创造者努力做到"守静笃"的动机和动力在哪里?

在管理实践中,取得创新创业成功的企业常常碰到如何激励自己以及下属继续开展再创业的困难。原来的领导层和研发及销售团队成员在公司股票首次公开发行之后纷纷住上了别墅、开上了名车,继续开展二次创新创业的动力和意志往往会随之消退。如果不能去除渐渐增大的惰性,回到创业之初的"清静"心态,很容易重蹈其兴也勃、其亡也忽的覆辙。由此可见,"守静笃"是创造者进一步成为"善为道者"的一个重大门槛。

在此基础上,老子提出以归根重回清静的使命观作为"守静笃"的动力来源。之所以"归根曰静,是曰复命",是由于每一次创造的开始都是领命出发;每一次创造活动的结束都是回归复命;一次创造的历程构成一次完成使命的过程。这个过程与道的生命周期规律相符合。所以老子进一步说"复命曰常"即"复命"是规律的体现和要求。

还原到实际情景中,一项发明创造,无论其如何伟大也如同竞技中创造的世界纪录一样,很快就会有更快、更高、更强的新纪录出现而取代它。如果能够顺应这个规律,那就应该在这一次创造过程刚一完结还在享受成功喜悦的瞬间,就"归根""复命"再出发开始新一轮的创造。对于志在永续创造的"善为道者",懂得顺应规律是自己的明智选择,所以说"复命曰常,知常曰明"。

如果不按"复命"的规律要求去做会怎么样?

实际上,"归根"就是回到虚无的混沌状态,对创造者的认知和心态来说,其意义就是在以往的成就归零基础上重新开始。这的确不是件容易做到的事情。所以现实中四处可见"不知常,妄作"的情形。比如,有些企业在成功推出一款广受市场欢迎的产品之后,往往会产生一种舍我其谁的自大心态,在后续服务上开始变得傲慢,或者在接下来的研发中以为老天爷会再次眷顾自己而变得漫不经心。有的创新创造者取得成功享受万人景仰之后开始变得不可一世,自己不思进取也容不得别人的任何质疑,甚至会动用一切力量来压制任何超越自己的尝试。这样的结果自然是阻止了永续创造的进程,为此老子形容其为"凶"。

相反,如果能够做到"守静笃",则可建立起清静的使命观。在每一轮创造中都能包容一切异议,涉及新旧冲突时也没有任何一丝守旧偏心,公正的处事态度让人能够真正按照道的方向开展不断的创造。由"知常容,容乃公,公乃王,王乃天,天乃道,道乃久,没身不殆"的链式逻辑推理,可以看到这样做可以得到的持续性好处。

"守静笃"需要勇敢地面对非议,因为"善为道者"在常人看起来会显得另类。但"大成若缺,其用不敝。大盈若冲,其用不穷。大直若屈,大巧若拙,大辩若讷"用辩证思维提供勇气和坚持的力量源泉。

怎样理解"大成若缺"? 例如,一家企业经过艰难的创业过程,终于做到了一定规模走进资本市场首次公开发行,像阿里巴巴到纽交所上市,的确标志着这家企业取得了伟大成功。但是,上市并不是事业的终点,而是投资人期望业绩不断成长的新起点。所以,此时的成功距离未来公司发展的挑战和股东的期望,还存在很大的缺口。只有总是看到不足,阿里巴巴

大成若缺,其用不敝。大盈若冲,其用不穷。大直若屈,大巧若拙,大辩若讷。躁胜寒,静胜热。清静为天下正。(四十五章)

才有持续的动力为存续到 2101 年而不懈奋斗。

"守静笃"还要求坚持"躁胜寒,静胜热。清静为天下正"的原则。"正"即正道或者正确的方式。也就是说,若能善于以缺点和不足的存在来抑制自己的得意和骄傲,使自己保持"清静"之心,恰当地认识自己,就可以避免头脑发热而让社会走上歧途。

- **其二,以身为天下的荣辱观。**

创造开拓之路曲折起伏,充满艰难和风险。创造者有时会与成功擦肩而过,常常苦于不得其门而入,屡屡经受成功与失败、受宠与受辱的考验。对此,一般的想法是应当提倡创造者完全不计得失而做到宠辱不惊。然而,老子的答案不同。

设身处地地考虑,让创造者遭遇失败的困顿挫折而不产生一丝窘迫、取得成功后又不能发出骄傲自豪的欢呼实在是有违人性。所以,老子认为"宠辱若惊,贵大患若身",即受到宠爱或羞辱感到吃惊应当像突然发现大病上身而害怕一样自然。

"何谓宠辱若惊?"

通过"宠为上,辱为下。得之若惊,失之若惊。是谓宠辱若惊"的观察可以发现,人受到宠爱前其心理正处于相对卑下的位置,受到宠爱即会由于升高而惊喜;同样的,人遭到羞辱前其心理正处于相对高尚的位置,遭受羞辱会带来下挫的惊恐。

"何谓贵大患若身?"

"大患若身"是因为"吾所以有大患者,为吾有身,及吾无身,吾有何患?"这就是说,因为是自己的身体得到切身感受,所以发现重大病情一定会受到惊吓。如果对宠辱没有了反应,就好像患大病而身体没有感觉一样奇怪。这样看,"宠辱若惊"就是再正常不过的现象。"贵大患若身"则强调,把宠辱与身患大病加以同样看待才是可取的态度。

那么如何应对宠辱给创造活动带来的波动等不利影响呢?

宠辱若惊,贵大患若身。何谓宠辱若惊?宠为上,辱为下。得之若惊,失之若惊。是谓宠辱若惊。何谓贵大患若身?吾所以有大患者,为吾有身,及吾无身,吾有何患?故贵以身为天下,若可寄天下;爱以身为天下,若可托天下。(十三章)

第十七章·创造者身心修养　155

老子为创造者提出的解决办法,就是建立以自己身体代天下苍生承受宠辱的荣辱观。他的寄语是:"故贵以身为天下,若可寄天下;爱以身为天下,若可托天下"。也就是说,如果乐意把自己对身体的感受和情绪反应与天下苍生的遭遇等同起来,那么就可以承载天下的重托。换句话说,从创造者角度看,如果成功后得到荣耀,应当视为社会取得的进步而感到自豪;如果创造中遭受了挫败,也应为社会遭受损失而遗憾。通过认识上的荣辱受体扩展,创造者的情操得到了提升,心理得到了抚慰,应对荣辱会更加从容。从社会角度看,容纳创造者对宠辱在乎或敏感的行为也是能让社会有更多创造者可予寄托的好事。

- **其三,为腹不为目的苦乐观。**

长期持续专注地从事创造性活动,往往意味着创造者要有很强的抵御诱惑能力。老子总结了五种可能窒息创造力的诱惑:"五色令人目盲;五音令人耳聋;五味令人口爽;驰骋畋猎令人心发狂;难得之货令人行妨。"

事实上,即使自己不在意,但是受周围环境影响,家人和友人的语言、心态和行为也会传导到创造者身上,对创造者形成一定的干扰和压力。对此,老子提出"是以圣人为腹不为目,故去彼取此"的原则,提倡在生活上只求温饱就好,而不应当为了满足感官的刺激感受而喜好那些炫目美景、靡靡之音、饕餮大餐、放纵的游戏娱乐和奢靡的稀世珍宝。

五色令人目盲;五音令人耳聋;五味令人口爽;驰骋畋猎,令人心发狂;难得之货,令人行妨。是以圣人为腹不为目,故去彼取此。(十二章)

- **其四,既专心钻研又密切合作的人际观。**

周边的人际关系也是一个创造者需要认真处理的事情。人际关系可粗略地分纵向和横向两类。纵向的人际关系主要涉及创造者与掌握相关资源的行政机关与上级管理者的关系。横向的人际关系则由创造者与志趣相同者及其他普通人之间的关系所构成。

在纵向人际关系方面,创造者面临的考验是坚持自主探

> 塞其兑,闭其门,终身不勤。开其兑,济其事,终身不救。(五十二章)

索还是寄希望得到来自上层的特别关照及其所提供的便利。所以,实际中可能出现两种不同的倾向。

一种倾向是"塞其兑,闭其门"。创造者两耳不闻窗外事,专心致志地从事研发。这类人"终身不勤"于走动关系。1908年诺贝尔奖获得者梅契尼柯夫就曾说过:"如果减少与社会的联系,只一心一意在实验室中从事研究,那么,你也许能获诺贝尔奖。"

另一种倾向是"开其兑,济其事"。有些貌似创造者的人整日往来于各种门路之间,打探哪里有捷径可走、有便车可搭,最好能有权威人士的认可相助以抬高成果的影响。老子认为,这种做法是不可能取得创造性突破的,这类人也不是真正的创造者,因而"终身不救"。

> 知者不言,言者不知。塞其兑,闭其门;挫其锐,解其纷,和其光,同其尘;是谓"玄同"。故不可得而亲,不可得而疏;不可得而利,不可得而害;不可得而贵,不可得而贱。故为天下贵。(五十六章)

在横向人际关系方面,创造者需要处理好独立思考与交流合作的关系。本来,"知者不言,言者不知。塞其兑,闭其门"体现了一种反对夸夸其谈崇尚实干、板凳甘坐十年冷的精神,非常值得鼓励。但是,一味地将自己封闭起来,闭门造车也不可取。

所以老子在接下来的另一段话中,提出在埋头实干的同时,还要"挫其锐,解其纷,和其光,同其尘"。即舒缓对功利目标的刻意追求,暂时卸下难题的纷扰,不妨与同行或一般人打成一片,从放松的交流中获得启发,开展共同的合作以取得更大的突破。这样就可以达成一个"是谓玄同"的人际关系理想状态。

"玄同"是一种交流合作效果达到极致的协同状态。老子用以描述"玄同"特征的"不可得而亲,不可得而疏;不可得而利,不可得而害;不可得而贵,不可得而贱"这段话该如何理解?这是说,生活中常见的亲与疏、利与害、贵与贱等因互斥而分离的因素在这里都被汇聚到了一起,当事者彼此反而变得不计较了,所以这种和谐合作的关系状态"为天下贵"。

为什么在这里计较和分离会消失或不必要了呢?

其原因在于,在创造过程的源头时段,能否取得成功此时还只是谁都"不可得"的未知数。正因为"不可得",所以具有共同兴趣的创造者聚到一起而疏远了竞争压力;他们各自都从交流中获益而不顾忌可能发生的泄密等损失;他们在珍惜对方谈吐中的闪光点的同时又无私分享自己的思想火花。

现实中这样的"玄同"是否可能发生?

不要因为"玄"就马上下结论说不可能。比如说,通过现代纳米科技的努力,一些纳米材料已经可以具有既软又硬、既亲油又亲水等普通材料根本无法实现的物性。而这就是通过把观察的角度转到原子分子在纳米尺度上的重新组合上做到的。

实际上,在类似美国硅谷那样的高科技产业集群中,曾流行着分属不同企业的研发人员在同行之间进行密切交流等形式的非正式合作。正是因为他们都在苦苦思索最前沿的难题而不得其解,所以同行之间的交流可能无意中会触发自己的灵感。从功利的角度来看,这样做可能会泄露公司的商业秘密。但是,一来此时还没有解决方案可供泄漏;二来可能还有交流对象之外的其他人也在进行着类似题目的研究,如果自己闭门研究很可能就会落后于他人;三来即使是交流让对方也从中得到启发,然而谁会取得最终成功还要看自己接下来的相关努力。所以这样理性权衡下来的结果,"玄同"就有了存在的价值和可能。

附:本讲对应的《道德经》原文及其译文

17.1 归根复命

【原文】

致虚极,守静笃。

万物并作,吾以观复。

夫物芸芸,各复归其根。

归根曰静,是曰复命。

复命曰常,知常曰明。

不知常,妄作,凶。

知常容,容乃公,公乃王,王乃天,天乃道,道乃久,没身不殆。

(十六章)

【译文】

达到虚怀以待的极致,坚守淡泊平静的笃定。

万物同时在生长繁衍,我在观察其循环往复。

事物林林总总,最终都要回归其本源。

回归本源即归于平静,这就是所谓的回报使命。

回报使命是一个法则,懂得这个法则会变得明智。

不懂得这个法则而倒行逆施,则会带来不幸。

懂得法则就会包容,包容就会公正,公正则能领御,能领御就是合天意,合天意就是善为道,善为道则可持久,终身不会遇险。

【原文】

大成若缺,其用不敝。

大盈若冲,其用不穷。

大直若屈,大巧若拙,大辩若讷。

躁胜寒,静胜热。

清静为天下正。

(四十五章)

【译文】

让十分完整的东西有所缺失,其作用不会衰败。

让十分圆满的东西有些冲抵,其作用不会穷尽。

绝对直的东西看起来弯曲,最灵巧者看起来笨拙,最善辩者看起来木讷。

疾行可以驱除寒冷,清静可以克服烦热。

清静让天下得以走上正道。

17.2 宠辱若惊

【原文】

宠辱若惊,贵大患若身。
何谓宠辱若惊?
宠为上,辱为下。
得之若惊,失之若惊。
是谓宠辱若惊。
何谓贵大患若身?
吾所以有大患者,为吾有身。
及吾无身,吾有何患?
故贵以身为天下,若可寄天下;
爱以身为天下,若可托天下。

(十三章)

【译文】

因荣耀或耻辱降临而受到惊吓,应该像自己身体有了重病那样。

什么叫因宠辱而受惊吓?

荣耀让人亢奋,耻辱让人消沉。

得到荣耀(遭受耻辱)会带来惊喜(吓),失去荣耀(洗雪耻辱)也会受到惊吓(喜)。

上下起伏都会让人受惊。

为什么应该像自己身体有大病一样在乎宠辱?

我之所以会有大病,是因为我有自己的身体。

如果没有身体,我会有什么病患?

所以,像对待自己身体一样爱护天下万物,就可以承担天下重任;

像照顾自己身体一样关爱天下苍生,就可以寄托天下厚望。

17.3 为腹不为目

【原文】

五色令人目盲;
五音令人耳聋;
五味令人口爽;

驰骋畋猎,令人心发狂;
难得之货,令人行妨。
是以圣人为腹不为目,故去彼取此。

(十二章)

【译文】

缤纷色彩使人眼花缭乱;
喧嚣器乐使人听力下降;
连连美味使人失去味觉;
驰骋狩猎使人纵情发狂;
奇珍异宝使人难抑欲望。
因此圣人只求温饱而拒绝声色犬马和奢侈华丽。

17.4 塞兑闭门,和光同尘

【原文】

塞其兑,闭其门,终身不勤。
开其兑,济其事,终身不救。

(五十二章)

【译文】

两耳不闻窗外事,紧闭通达世故的大门,板凳坐得十年冷。

到处打探,求取周济,永无成功之日。

【原文】

知者不言,言者不知。
塞其兑,闭其门;
挫其锐,解其纷,和其光,同其尘;
是谓"玄同"。
故不可得而亲,不可得而疏;
不可得而利,不可得而害;
不可得而贵,不可得而贱。
故为天下贵。

(五十六章)

【译文】
有真知者不夸夸其谈,高谈阔论者未必有真知。
充耳不闻,紧闭大门;
打磨锐气,解开纠纷,交织光色,同浴粉尘;
这些原本不同的取向却达成了玄妙的协同。
它既是因为不可得而亲近,又是因为不可得而疏远;
既是由于不可得而获利,又是因为不可得而受损;
既是因为不可得而珍贵,又是因为不可得而卑贱。
所以是天下最珍贵的。

第十八讲·创造性思考及其方法

在专注原道与新道交替环节的"致虚极,守静笃"精神基础上,《道德经》中对创造性思考的意义、创造性思考活动的预备要求和创造性思考方法做了现在来看都很完整的论述。

● **其一,创造性思考至关重要。**

> 不出户,知天下;不窥牖,见天道。其出弥远,其知弥少。是以圣人不行而知,不见而名,不为而成。(四十七章)

行道最初的创造性突破来自有道者的奇思妙想,是创造性思考的结果。为了强调这一点,老子比较夸张地形容说,"不出户,知天下;不窥牖,见天道。"

对于足不出户就可以了解自然的规律和演变趋势,一定有人会问,这怎么可能?

不过还真有这样的例证。德国近代大哲学家康德曾提出过有关太阳系起源的星云假说,但他自 1724 年出生至 1804 年去世,终生也从未走出过家乡柯尼斯堡小镇及其附近地区。再比如,苹果公司开发出 iPod 和 iPhone 等堪称伟大的产品却没有按照常规事先去到消费者中做广泛的市场调查。因为其 CEO 乔布斯的信条是,对于面向未来的新产品,不要问顾客他们要什么,而是要能够洞察顾客的内心,思考他们还有哪些潜在需求没有得到满足并将精心打造的产品提供给他们。

所以这还不是每个宅男宅女都能做到的事。之所以能够产生如此出人意料的效果，就是源于独立的创造性思考。思考是针对一个或多个对象运用各种方法所掌握知识的分析、综合、推理、判断和想象等思维活动。法国数学家、哲学家帕斯卡尔说过，人像芦苇一样脆弱，但与芦苇不同的是人会思考。正是思考能力使弱小的人变得强大。

但现实生活中，人们往往把思考与游历、学习和实践等活动放在同一个过程中来看待和处理，从而大大弱化了对思考的重视。

常言道，游历长见识。游遍名山大川，能够增加很多人文地理等方面的知识。但老子却在"不出户，知天下；不窥牖，见天道"的基础上进一步说"其出弥远，其知弥少"，这怎么理解？

用边际分析的思维来看，游历积累知识到了一定程度之后，如果没有加工思考，的确存在着随着出游距离的增加所获新的知识量即边际收益的递减问题。例如，一个登山爱好者在登上了珠穆朗玛峰之后再去攀登非洲或者南美洲的其他高峰时就没有登顶珠峰时那么富有激情或者感受那么丰富了。对于创造性思考来说，这个边际收益的变化非常值得计较。游历到一定程度之后，如果没有停下来，整理一下收获，进行一些对比，思考些疑问，那么即使写出本游记也不过是一本缺乏新知的流水账。事实上，康德虽然没有离开过家乡，但他绝不是与世隔绝闭门造车的空想主义者。他只是在充分吸收大学图书馆书籍中的知识和络绎不绝的访客所提供的信息基础上，比别人更愿意接纳新的现象，也比别人投入更多的时间用于沉思和想象。

把背景从实地的游历转到网上的冲浪，情况也完全一样。现在网民或手机用户每天接收的信息量非常大。已有研究发现，接触如此大量的信息给大脑带来压力，容易造成人的注意力过度分散。这样，大脑能够用于深入思考的时间被侵占殆尽，更不用说进行创造性思考了。

所以，不论是热衷于远足游历还是沉浸于网上冲浪、手机刷屏,都容易给人一种生活现实被现成的东西所填满的感觉,从而弱化或蚕食了发挥创造力的动力和空间。"是以圣人不行而知"。创造者在进行细致的观察、积累了必要的知识之后,就不再"行"而停下匆匆的脚步静下心来,展开冥思遐想式的深度思考,就有可能取得继续游历而无法获得的新知。

"学而不思则罔,思而不学则殆",孔子的这句名言很好地说明了思考与学习的关系:思考是所学知识的运用与提升,学习之后不善于思考等于白学甚至会被误导;学习是思考素材的添加和扩充,只思考不学习就会有营养接续不上的危险。不过,仅作此区分还不够。因为如果以为会学习就会思考或者学习与思考一样容易,就容易受"知识创造财富"等口号诱导而把学位读到最高后却发现其实所学知识很少甚至没有用武之地。

事实上,会学习不见得就会思考,会学习更谈不上善创造。创造性思考更是现存应试教育制度所无法普遍提供的能力训练。学习是理解和掌握已有的知识和技能。思考特别是创造性思考则是要去发现现实中的不足和探寻未知的发展。真正可以创造新财富但又十分困难的是创造性思考和创造性应用。创造性思考的价值在于能够在"有道"环节促成"不见而名"。

不仅如此,《道德经》甚至还进一步提倡"不为而成"。从字面上看,不采取任何行动就能成事,这不是做白日梦吗?老子不可能提倡做白日梦,要不然就不会说"唯施是畏"了。这里的"为"与"无为"中的"为"一样,也需要按照边际分析的思路理解成按惯性维持既有的做法。在原道与新道不断交替的情况下,与一条道走到黑而"为"的守成做法相反,创造者应当从常规工作中挤出时间和精力而将主要精力投入到新道的探索上。比如,远足之后停下来对所获观察进行一些筛选,找些有趣的现象进行深入思考和探索,就有可能取得前所未有的新发现。这就是"不为而成"的真实意思。

第十八讲·创造性思考及其方法

- **其二,开展创造性思考前应精心做好心理调适。**

　　创造是开启前所未有发展道路的行动,决定了创造性思考包含了批判性的思考。批判性思考要否定或扬弃的对象不仅包括现存事物,而且还包括创造者自己及亲属的既有利益、思维方式等。这些既成的东西如果不在思想上加以移除,则会对创造性思考形成实质性阻碍。为此,老子提出了"为无为;事无事;味无味"等思考前心理调适的要求。

为无为;事无事;味无味。(六十三章)

　　"为无为"是指要舍弃照常规去做还可以获得和维持的利益、名义和地位等想法,不再按原有的惯性思维做事,并愿意按"不欲盈"的原则去尝试朝新的方向努力。

　　"事无事"是要把手中的所有琐事放下,给自己腾出一些空闲,静下心来发发呆,同时也缓解一下压力和淡化一下人情世故的牵扯,让自己的思考和行动不受任何羁绊以利于进入沉思或冥想。正如在"其出弥远,其知弥少"中已经谈及的,放下琐事而专注于一件事的思考有助于创意的产生和涌现,所以能否进入这种放松的状态对于创造性思考的效果是很重要的。在移动互联网随时随地在线的今天,这是一项重大的考验。

　　"味无味"要求清除思维定式。思维定式是人们由先前活动中积累的思维活动经验、教训等,并通过反复使用所形成的比较稳定、定型化了的思维路线、方式、程序、模式。具体表现为一些常规、定规、规矩、规范、标准、传统、偏好等。人们在筛选信息、分析问题、做出决策时,总是自觉或不自觉地沿着以前所熟悉的方向和路径进行思考而不愿另辟蹊径。对创造性思考来说,思维定式更是大敌。要进行创造性思考,就一定要破除思维定式。

　　破除思维定式的必要性,类似于品酒师对异味的远离。为了避免对味觉和嗅觉的干扰,品酒不仅要求环境清洁整齐、无异杂气味、空气新鲜、光线充足、保持恒温等,而且还要求品酒师在品酒前半个小时不得吸烟,在品酒期间不吃刺激性强的食物等。所以,创造性思考时需要把大脑中的思维定式视为品酒师口中的杂味而加以去除。

破除思维定式的困难主要来自三个方面:一是习惯;二是对权威的迷信;三是对成功缺乏自信和害怕失败。所以,"味无味"就是要求创造者不唯经验、不唯书本、不轻易否定新想法、乐意去接受新思想,用清新坦荡的心态去开展创造性思考。

- **其三,积极运用创造性思考方法。**

《道德经》比较丰富地阐释了创造性思维方法,也有多处运用这些方法的示例。

老子对创造性思维方法的论述和示范多数都来自其对道的演化规律的观察。虽然道各有不同,但从观察不同的道而总结出的一般变化规律有助于创造性思维方法论的借鉴,以及进行创造性思考时对道的变化趋向展开积极的呼应。

把分散在《道德经》各处的点滴内容汇集起来,可以归纳出逆向思考法、水平思考法、组合思考法三大类创造性思维方法。

逆向思考法是从现状出发,进行相反或不同方向的思考。它让人放弃从原来的角度看问题,问题的解决方案很可能会随之改变。《道德经》提供了三种角度的逆向思考。

一种角度是反向。通过"反者道之动",老子提示说,完全相反的方向恰恰可能代表着新道出现的未来动向。根据这个道理,创造者可以先识别出事物目前态势和资源利用现状,然后再尝试往截然相反的方向想象任何新的可能。

比如,中国改革开放初期,安徽凤阳小岗村农民率先搞起大包干,掀起了以联产承包责任制为中心的农村经济体制改革浪潮。之所以这项创举能够在全国范围内快速地推广开来,就是因为原有的人民公社"三级所有、队为基础"的统一经营和分配体制不能适应按市场需要来安排生产和不能使分配与劳动成果挂钩,挫伤了农民的劳动积极性,形成严重的大锅

反者道之动;弱者道之用。(四十章)

饭现象。而以大包干为代表的联产承包责任制扩大了农民的自主权,以最终报酬与上交后的剩余粮食挂钩的机制调动了农民的生产积极性,所以大大促进了农业生产力的提高。

第二种角度是转向。转向思考与反向思考的不同点在于前者不是做完全相反的探索,而是在现有基础上进行适当的角度调整。例如,加宽或变窄;扩大或缩小;加强或减弱;增高或降低;加重或减轻等。由此可知,《道德经》中出现"大小多少"并不是老子在玩反义词的堆砌。这正是对这些不同场合转向思考的高度概括。

大小多少。报怨以德。(六十三章)

对于这些转向调整的尝试,"弱者道之用"则提供了原则性的指向。那些当前未受充分重视甚至被荒废的资源恰恰可能是新的道所给予充分利用和发挥的对象,所以转向思考可以引导创造者把目光从争抢当前最受重视、最紧俏的资源移开,更多地着眼于处于低效或闲置状态的资源的开发和利用。比如,为回程车提供配货信息的电子商务信息平台就大大减少了空驶等浪费现象。再比如,仓储会员店改小包装为大包装就可以节省下包装材料和包装费用,以便为小型商家提供质优价廉的商品等。

第三种角度是缺点逆用。"报怨以德"提倡的正是歪打正着、缺点逆用。比如,在实际的经营管理中,相应的创造性思考应用就是去往消费者投诉最多和客户最不满意的地方展开反向创新,就可以设计出让消费者满意度得到明显改善的产品和服务,从而做到以改进后的产品和服务之"德"报消费者投诉之"怨"。

水平思考法则是对不同的事物进行观察时由彼此间的某种相似性或者关联性引发而进行的思考。水平思考法与逆向思考法的区别是,后者是从一个特定的事物原本所处状态和取向出发,朝着相反或不同的方向展开改变的可能性思考;而前者则是在原本没有关系的两个或多个不同事物之间发现其相似性或者关联性,借由一个事物的特征启发对其他事物的认识或者发现事物之间的联系抑或得到对新事物的启示。老子在《道德经》中多处巧妙地运用了类比和联想等水平思考方法来表达高深的思想,提供了水平思考法的经典范例。

在类比法的运用方面,"天之道,其犹张弓欤?高者抑之,下者举之;有余者损之,不足者补之"可以作为代表。这里把能够保持自我平衡的大自然运行规律比作拉弓,高了向下压低,低了向上抬举。通过类比的相似性推理,老子形象地说明大自然"有余者损之,不足者补之"的道理。类似的还有"上善若水。水善利万物而不争,处众人之所恶。故几于道"以及"知止可以不殆。譬道之在天下,犹川谷之于江海"等多处神来之笔。

> 天之道,其犹张弓欤?高者抑之,下者举之;有余者损之,不足者补之。(七十七章)

在联想法的运用方面,"用其光,复归其明"也堪称经典。老子由大自然看起来在源源不绝地提供着的光,联想到如果有一天光不再现将会变得如何,从而在人类毫无节制的索取与大自然慷慨提供的资源被耗竭之间建立起一种被常人认为不存在的关联性,据以劝导人们从我做起、从小处着手去呵护大自然母亲,从而维系人类社会可持续发展。

而"谷神不死,是谓玄牝。玄牝之门,是谓天地根。绵绵若存,用之不勤"综合运用了类比和联想的手法,借月亮或圆或缺却始终会在夜晚的天空出现和多产的母性教我们想象道的丰富无穷。其中,"玄牝"与"谷神"之间构成类比,而由"玄牝之门"到"天地根"则是联想的体现。类似的运用还有"天下之至柔,驰骋天下之至坚。无有入无间,吾是以知无为之有益"等处。

组合思考法是结合逆向思考和水平思考等方法,对事物的整体构成进行重组或者对构成的具体要素进行增删而改变组合构造。由于对构成进行重组是为了更好地实现矛盾交互的聚和效应,故简称为聚和法。虽然对构成要素进行增删的目的也是要实现更佳的聚和效应,但因构成要素的改变而有别于聚和法,为便于区分称为增删法。

聚和法的思想在《道德经》中集中体现在"万物负阴而抱阳,冲气以为和"这一句。老子根据辩证思维逻辑,以阴和阳

> 万物负阴而抱阳,冲气以为和。(四十二章)

第十八讲·创造性思考及其方法

分别代表对立统一的两种基本属性,认为万物既内含阴又外接阳,而且只有当阴阳的相互作用能够把所蕴含能量释放出来时,才达到和谐的聚和效应。

也就是说,阴阳的相互作用未必都会达到和谐状态。当阴阳的一方过强时,就会出现整体上不利的失衡结果。比如,私心过重会变成孤家寡人,甚至会损害公共利益。相反地,绝对的利他则超出现实条件,甚至连自己的生命都无法维系。阴阳过于对立也是一样。如果事物的构成要素把力量都用在对对立面的攻击或互斥上,就会将能量在内部耗尽而没有做功。还有,如果制度安排不能让公心和私心各得其所,就会造成应该为公时担心伤及无辜,应该为私时又有所顾忌和故意掩饰的现象,以致人人心力交瘁而陷于两难的低效境地。

老子以矛盾的阴阳两极相互作用可以形成"得一"的聚和效应为根据,引导人们努力达成"和"的境界。"和"不是相互抵消的一团和气,而是要通过"冲气"达到相互协调以实现"得一"。"冲气"与"道,冲而用之或不盈"中的"冲而用之"一样,都是指将阴柔和阳刚两气("气"代表能量或势能)加以聚和而释放出来以促进事物的生长。由于能量的释放标志着对立的两极都对事物的发展发挥了积极作用,彼此关系比闲置或者内耗的消极互斥当然要和谐,所以说"冲气"可以达成"和"。为此,聚和法的要领集中在如何能形成"冲气"上。

以面向穷人的贷款为例。穷人有通过劳动争取改善生活的积极一面,也有因缺乏偿债能力容易失信的消极一面。对于那些传统银行来说,穷人无可抵押且失信成本低,小额贷款的管理成本过高。所以他们把消极面的作用极大化,选择了放弃,从而封堵了穷人通过向银行举债改变命运的可能性。农村高利贷放贷者对同样的问题采取了大幅提高贷款利息的做法。结果,穷人要将借到的款投到风险更大的项目上才有可能还上本息,但投资失败又会让借款人陷入难以翻身的困境。

于是,这里阴和阳作用的结果出现了无力还款和冒高风险的恶性循环。最后,穷人依旧贫困,资金也没有得到很好利用。这显然是一种消极的互斥效应。

2006年诺贝尔和平奖获得者尤努斯创办的孟加拉格莱珉银行则不然。它创造性地开发出专向以妇女为主的穷人提供无抵押担保和分期还款的小额贷款业务。这家银行迄今为止已经发展了600多万个借款人,其中58%的人及其家庭通过这条途径成功脱离贫困。创办以来,格莱珉银行的还款率高达98.89%。除了创立初年的1983年和发生重大自然灾害的1991年、1992年外,该行每年都能盈利。

这个例子说明,恰当地调整了贷款对象和贷款条件,在减弱冒风险的"阳"的一面的同时抑制了要拖欠的"阴"的一面,让原来绝对对立的两极转向低风险项目与高信用行为的良性聚和,让劳动积极性和资金的推动作用"冲气",从而创造出穷人也有高信用的"和"的奇迹。正是因为家庭主妇在资金使用上更脚踏实地,对家庭的生计更有计划性,所以当把贷款发放给她们时取得收入和收回贷款都更有保障。因为她们深知如果不能很好地运用借款创造收入或者不按时偿付贷款,就将失去再次借款和维系家庭生计的条件。

增删法的重点在于建造一个事物的架构时应注意在添加构件的同时做必要的去除。老子举了车、容器和房屋三个物体的建造为例来说明其中的道理:"三十辐共一毂;当其无,有车之用。埏埴以为器;当其无,有器之用。凿户牖以为室;当其无,有室之用。"

古时的车轮没有轮胎,轮毂的外圈与居中的轮轴之间一般用30根辐条来加以连接。

为什么不采用木材拼成一个中间以孔作轴的圆盘来做车轮?

显然,车是用来承载人或物的工具。如果轮毂与轴的连接部分是实心的,那么车的功能就被车轮的自重侵蚀而去。所以,采用辐条以显著降低车轮自重,车的载重功能才得以发挥。

用陶土烧制陶瓷容器,也是基于同样的考虑。在保证足

> 三十辐共一毂;当其无,有车之用。埏埴以为器;当其无,有器之用。凿户牖以为室;当其无,有室之用。故有之以为利,无之以为用。(十一章)

够结实的前提下，把实心泥团中间掏去得越多，形成的容器壳壁就越薄，烧制出来以后可盛东西的空间就越大。

开窗为室的情形稍微复杂一些。房子本来是用来遮风避雨的，但如果仅考虑这些功能把墙壁四周和屋顶全部封闭起来，一来空气不能流通，二来白天没有光线，所以需要放弃一些遮蔽面积兼顾空气流通和采光。考虑到多开门会影响安全和私密，于是古人又发明了窗户来完善房屋的功能。

归纳起来，老子提出"有之以为利，无之以为用"作为构造新事物时的思考指南。"有"即增，目的是获得特定功能的便利；但一味堆砌会适得其反而无法获得便利或者带来其他的副作用。所以，就需要"无"来删除，目的是通过简约获得足够大的效用或经济上的可行性。增删得法可以让功能和简约得以兼得。

前面提到的小米手机就是增删法的一个范例。小米的机型采用主流高端手机的最高配置标准，为发烧友带来了满意的功能，做到了"有之以为利"。但问题随之而来，一方面高配置带来硬件和组装上的高成本，另一方面定位发烧友的手机价格不能超过2 000元的限制，照常规一定会出现成本与价格倒挂。小米创新性地采用了官网销售的方式，几乎没有了渠道成本。还有就是实行扁平化管理，组织架构只有三层，大大降低了管理费用。这些措施一起带来了"无之以为用"的经济可行性，结果得到了高额的总利润。

附：本讲对应的《道德经》原文及其译文

18.1 不出户知天下
【原文】

不出户，知天下；

不窥牖，见天道。

其出弥远，其知弥少。

是以圣人不行而知，不见而名，不为而成。

(四十七章)

【译文】

不出家门,可以了解社会;

不看窗外,可以看见天道。

走得越远,拥有的真知越少。

所以,有道者不需远行即可获得真知,不见实物即可为之命名,不因循守旧则可取得成功。

18.2 为无为

【原文】

为无为;

事无事;

味无味。

(六十三章)

【译文】

超脱既有;

留出空闲;

清空杂味。

18.3 反者道之动

【原文】

反者道之动;

弱者道之用。

(四十章)

【译文】

相反方向是道未来演化的动向;

未受重视之物是道将利用的对象。

【原文】

大小多少。

报怨以德。

(六十三章)

【译文】

大了就缩小,多了就减少。

即使受委屈了,以德报怨最好。

18.4　天道犹张弓

【原文】

天之道,其犹张弓欤?

高者抑之,下者举之;

有馀者损之,不足者补之。

(七十七章)

【译文】

自然界的变化规律不是很像张开的弓吗?

高了就降低,低了就升高;

减少过剩的,补给不足的。

18.5　冲气以为和

【原文】

万物负阴而抱阳,冲气以为和。

(四十二章)

【译文】

万物由于有了"阴"的依托才平衡,可以去拥抱"阳"而吸收养分和能量,而只有释放转化出所吸纳的养分和能量才能达成和谐。

18.6　有之以为利,无之以为用

【原文】

三十辐共一毂;

当其无,有车之用。

埏埴以为器;

当其无,有器之用。

凿户牖以为室;

当其无,有室之用。

故有之以为利,无之以为用。

(十一章)

【译文】

三十根轮辐合成一个车轮;

把轮辐之间的部分舍掉,就有了车可供使用。
搅和泥土制作器皿;
把中间的部分掏空,就有了容器可供使用。
凿墙制作门窗形成房屋;
把土墙的特定位置挖去,就有了居室可供使用。
所以,建造器物是为了获得便利,腾出空间是为了形成效用。

第六篇　如何维系永续创造？

有了发现和培养创造型人才的方法，焦点就转到了企业或国家等组织方面来了。作为一个组织，需要什么样的领导人和领导风格、什么样的组织文化和组织结构才能汇聚创造型人才，容纳他们与众不同的人格特质和思维方式，发挥他们的创造性才能，怎样治理及处理好变革及对外关系以保持组织的创造活力，都是保障有道和知止能及时切换的关键。唯其难，《道德经》花了约三分之一的篇幅来加以重点论述。这些内容对在位和潜在的领导人和中坚骨干来说都富有教益。

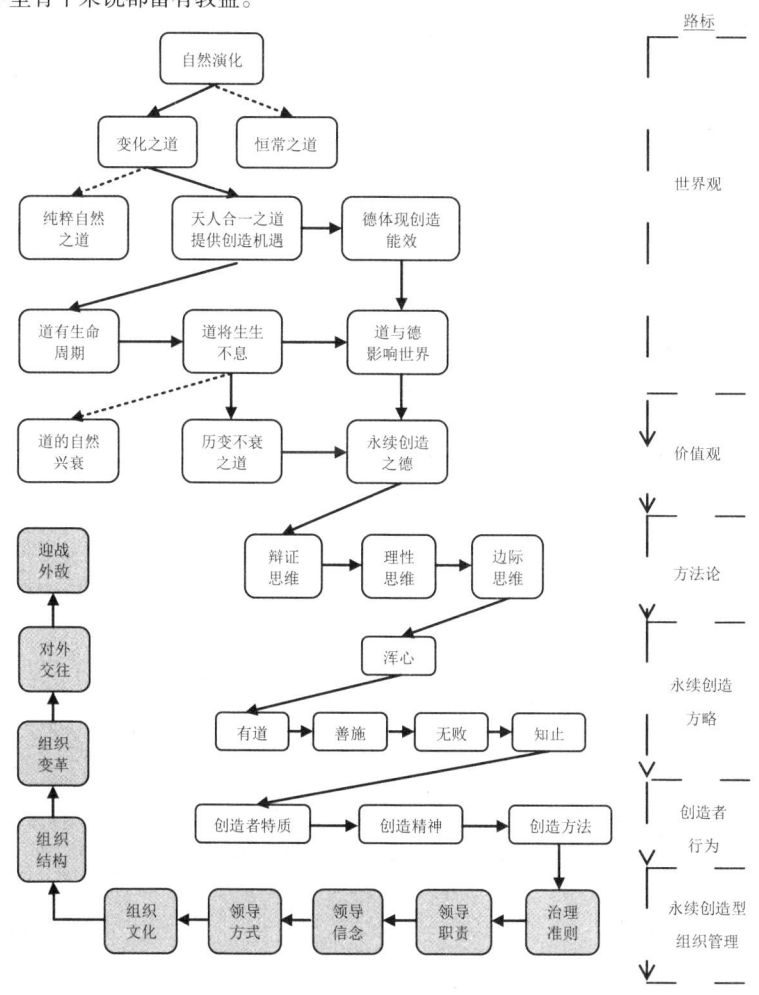

```
路标：
    世界观
    价值观
    方法论
    永续创造方略
    创造者行为
    永续创造型组织管理
```

自然演化 → 变化之道、恒常之道
变化之道 → 纯粹自然之道、天人合一之道 提供创造机遇
天人合一之道 → 德体现创造能效
道有生命周期、道将生生不息、道与德影响世界
道的自然兴衰、历变不衰之道、永续创造之德

辩证思维 → 理性思维 → 边际思维 → 浑心
有道 → 善施 → 无败 → 知止
创造者特质 → 创造精神 → 创造方法
组织文化 → 领导方式 → 领导信念 → 领导职责 → 治理准则
组织结构 → 组织变革 → 对外交往 → 迎战外敌

第十九讲·治理准则与任务

本讲涉及一些称得上后世对《道德经》非议最多的内容。其中,"非以明民,将以愚之"、"弱其志"和"常使民无知无欲"被认为是愚民政策的发端之语;"不尚贤"被指是不利于社会形成尊重知识和爱惜人才风气的主张;"为无为,则无不治"则被理解为,老子是在提倡顺其自然、无所作为甚至是放任主义和无政府主义。

如果仅按字面意思直译,上述非议不无道理。但放在老子煞费苦心构建的执行永续创造方略的组织框架里,其内涵将会变得如何?

对于国家和企业等组织来说,在永续创造方略的有道、善施、无败和知止等四个环节中,有道和知止是相对更困难的。有道的挑战在于是否能够及时发现势能足够大的新道;而知止的最大障碍在于既得利益和未来确定性回报的舍弃,特别是在新道前景不明时,这些更加难以割舍。在组织内部,来自有道的不确定性挑战和知止的阻力又混合成既得利益者对现有分配格局的维护和对创造性新生力量的压制。这正是永续创造型组织治理必须要化解的难题。

那么怎样克服这些阻力,推动组织的永续创造进程呢?

老子为此提出的基本思路是:"古之善为道者,非以明民,将以愚之。"仔细揣摩,在道已处于成熟衰落时,人们关注的焦

古之善为道者,非以明民,将以愚之。民之难治,以其智多。故以智治国,国之贼;不以智治国,国之福。知此两者亦稽式。常知稽式,是谓玄德。玄德深矣远矣,与物反矣,然后乃至大顺。(六十五章)

点在于争抢原道的剩余,为此充满人际间的嫉妒和算计。理想地处理好"为道"即道衰落期维系问题的方向只能是及时将人们的注意力转移到更具发展空间的新道开拓上,这才是"善为道者"的角色。所以,"明民"是指让百姓更加警惕明察以免被人算计。"愚之"则是要让百姓变得愚钝。结合道"其上不皎,其下不昧"的特点,"明民"针对的是原道末端所提供的确定性利益,"愚之"则是对新道在初始方向和边界都模糊不清等特点的适应。因此整句话可以理解为,借鉴以往处理舍弃原道方面的成功经验,应当把组织成员的关注焦点从计较当前既得利益的得失引导到应对开拓未来的不确定性上。

之所以要这样做的一个理由是"民之难治,以其智多"。民众是足智多谋的,不进行恰当的引导是难以治理的。如果把他们的聪明智慧诱导到既有利益和确定性未来利益的算计和争夺上,那将给组织的治理带来严重的困扰。如果执政者还想利用统治机器与他们斗智争利,正所谓上有政策下有对策,结果很可能是适得其反。所以,老子非常尖锐地指出"以智治国,国之贼"。

为什么"以智治国"的危害会严重到成为"国之贼"?

"以智治国"的结果可以理解为,先是一个国家的执政者通过实施各种与民争利的法规政策敛取资财,尔后民众或早或晚察觉到其中的算计,于是就采取各种对策来加以自保或者发泄不满。这样的法规政策实际上起到了刺激百姓日益计较眼前得失的"明民"作用,造成管制成本和交易成本的增加以及偷懒造假等现象的泛滥。其结果不仅抑制了生产和消费的积极性,而且更严重地阻碍了对于新的发展机会的探索,从而排除了实现历变不衰的可能。在不论当前还是未来都将造成巨大损失的意义上,"以智治国"的确都属于"贼"的严重偷窃行为。

反之,"不以智治国,国之福。"执政者"不以智治国",则是以恰当的方式减弱民众对当前利益得失的关注而引导他们更多地以愚钝包容的心态面对未来新的挑战。比如在今天的现实中，产业的转型升级总是会牵涉到很广泛的资源、利益和就业岗位的再分配。如果缺乏一个更好的预期前景，被牵涉的人很自然地会对任何变革采取抵制态度。所以对百姓"将以愚之"并不是要愚弄百姓，更不是想办法让百姓变傻，而是执政者以"无为"的行动带头舍弃既得利益，使百姓满怀希望地向前看，乐意按照道的指引投身开创未来的行动，从而给国家带来长远发展的福祉。

建立了"以智治国"将造成危害和"不以智治国"会带来福祉的判断之后，就会形成"知此两者亦稽式"的结论。"稽式"是一个不常见的表达。在这里是指可以用于比对和查验的标准或样式。"知此两者亦稽式"是说，懂得"以智治国"和"不以智治国"的本质差别也就等于在现实中会对它们进行比对和区分。

"常知稽式，是谓玄德"则进一步把是否"以智治国"与永续创造联系了起来。前面第七讲谈到过，玄德的内涵就是永续创造。所以，日常生活中对"以智治国"的危害保持清醒，可以更加坚定不移地实行"不以智治国"，从而为永续创造方略的实施奠定和强化组织保障，所以这是永续创造之德的内涵从一般性向具体组织的特殊性拓展和深化。其对实现历变不衰的意义在于，"玄德深矣远矣，与物反矣，然后乃至大顺。"通俗来说，这段话又进一步指出，永续创造之德的深远意义体现在：它与现实状况相反，即当道最为鼎盛时选择舍弃；在道最为弱小甚至毫无迹象时选择涉入。通过这样的不断弃旧图新，才能达到"大顺"的历变不衰境界。

"不以智治国"的实施要领是"常使民无知无欲，使夫智者不敢为也"和"为无为，则无不治"。

理解这两段话的关键是辩证思维方法和边际分析方法的运用。当道到达最荣华显赫的生命周期后端时，追求历变不衰的"不欲盈"价值观要求组织应当及早舍弃原道并探索和转入新道。在新道代表的未知世界面前，人们毋庸置疑不仅是"无知"的，而且也应把自己有知甚至很有学问、很有经验的感

不尚贤，使民不争；不贵难得之货，使民不为盗；不见可欲，使民心不乱。是以圣人之治，虚其心，实其腹，弱其志，强其骨。常使民无知无欲，使夫智者不敢为也。为无为，则无不治。（三章）

第十九讲·治理准则与任务

觉和心态去除掉。所以,这里的"无"不仅指静态意义上相对新道的缺乏了解,更深刻地还意味着动态意义上从有到无而加以清空的边际性调整。

有意思的是,最近国际上就有组织研究领域的学者陆续提出了所谓组织忘却(Organizational Forgetting or Organizational Unlearning)的概念和模型,强调对固有知识的主动遗忘对组织变革的重要性,可见其内涵和用意与"无知"的一致。

那么,在原道与新道的交替时期为何还要民众做到"无欲"呢?

类似地,此时的"无欲"是相对围绕原道的有欲而言的边际性调整。用通俗的语言讲,"无欲""愚之"就是引导人们放弃争眼前得失的横向对比转向创造未来价值的纵向对比。当人们渴求的欲望眼光都投射在原道提供的"利益大饼"时,就会排斥对回报尚不确定的新道的投入。而这时,只有强化他们的危机意识,把他们的视线转引到对新道的关注上,才能弱化他们算计和索取原道现成剩余利益的动机,从而有助于实现能够带来更多福祉的历变不衰之道。

道与道之间转折点的边际思维决定了行为方式的改变。进一步地,当把环境变化加快以至于组织几乎无时无刻都处于道的转化更替之中时,辩证思维的取向要求组织成员能够保持"无知无欲",以使那些善于算计者不敢公开争利。这就是"常使民无知无欲"成为"不以智治国"实施要领的原因。

但要"常使民无知无欲,使夫智者不敢为也",在老子看来,关键在于领导者能否做到带头舍弃既有利益,积极引导对新道的探索。所以,"为无为"是实现"无不治"的充要条件。

美国柯达公司在数码技术时代的没落可以作为一个非常恰当的例证。柯达公司成立于1880年。在2009年6月柯达彩色胶卷宣布彻底退出市场之前,该公司曾是世界上最大的摄影胶片生产商。1991年,柯达公司发明了第一台数码相机。

但是直到数码成像占据主流已成定局的2003年9月,柯达公司董事会才推出一项自断退路的计划,把公司发展的重心从传统的胶片业务向数码领域转移,同时决定不再向传统胶片业务进行任何长期重大投资。按照该计划,柯达把给股东的每股派息削减72%,并斥资约30亿美元用于在数码彩色打印机、数码相机和医疗成像设备等业务的扩张。消息一经公布,投资者纷纷抛售柯达的股票,一群股东还寻求途径推翻该公司董事会淡出传统胶片业务的此项决定。

在柯达公司经历的变迁过程中,管理层没有按照"不欲盈"的原则很好地尽到引导"无为"而舍旧图新的职责,以至被包括股东在内的利益相关者对眼前薪酬和分红的关注牵着鼻子走,最终陷入了难以摆脱的困境。由此可见,在重大变迁阶段,"无知无欲"和"为无为"对于企业组织以至国家实现历变不衰的重要性。

老子还为落实"不以智治国"的"玄德"之举提出了一系列具体任务。

- 其一,"不尚贤,使民不争"。

不崇尚贤达不等于不承认或者不尊重贤达。与"不敢为天下先"的思想一致,贤达不能固化。不能因为某人过去在某个方面取得过一些创造性的成就,就奉为不可逾越的绝对权威。否则的话,在一个成熟社会里,每个地方、每个领域都布满了一言九鼎的大人物,名不见经传的小人物则毫无置喙之所和出头之日。这显然是没有希望和前途的社会。所以,只有不树立绝对权威,才有可能开启民众"不争"而创的大门。

- 其二,"不贵难得之货,使民不为盗"。

"难得之货"即紧俏资源或者产品。"贵难得之货"就是炒作这些紧俏货品牟取暴利。在社会物质产品供应不充裕的年代,"难得之货"的范围很广,甚至包括很多基本的生活资料。比如,在计划经济时代的中国内地,城镇居民吃粮要凭粮票,吃肉要凭肉票,穿衣要靠布票等。如果不采取凭证供应的办法,那一定有很多人的基本衣食需求得不到满足,于是就会出现为了一餐温饱铤而走险的乱象。

即使在丰裕年代,也不是所有物品都可以低价敞开供应。但这时,执政者不应该鼓励和纵容炒作紧俏物品之风,特别是不带头炒买炒卖、占有豪宅或收藏珍宝。否则的话,民众整日里顾虑着手中一点血汗钱被高高抬起的价格化为乌有,知足而安的无虑变成了惴惴不安的焦虑,不争而创的信念很容易被加入炒作获取侥幸暴利的超强诱惑所打碎。

- 其三,"不见可欲,使民心不乱"。

"见"在这里同"现",当"显露"解。"可欲"即可以引诱人设法以不正当的途径加以谋取的东西,如官帽、姿色等。如果组织的某一个成员看到升职或加薪要靠门路、贿赂或者美色,要么加以模仿,要么心灰意懒,行道建德的雄心备受打击。如果这样的组织只是少数基层单位,那么受到伤害的创造者还可以转入其他企业或者个人创业实现梦想。但如果这样的组织就是整个国家,那么这些创造者就会陷入不知如何施展自己抱负的烦恼中。

此外,在一个收入两极分化严重的社会里,少数高收入人群的奢华炫耀不可避免地会刺激广大低收入人群的神经。如果当政者再试图将分配格局加以固化,则将带来社会的动乱,于是人们从事创造开拓就将成为侈谈。

对于上述三项具体任务,"是以圣人之治,虚其心,实其腹,弱其志,强其骨"提出了衡量完成质量的标准。

其中,"虚其心"代表能让组织的成员以随时清零、愚钝无知的心态接受新事物;"实其腹"不是饱食终日无所用心,而是要保证组织中的创造型人才三餐温饱,可以无后顾之忧地专心创造;"弱其志"不是削弱志气,而是要弱化组织及其成员急功近利、志在必得之志,让大家能够容忍创造活动的失败;"强其骨"则是要让创造者具有挑战权威和既有知识体系的骨气和勇气。显然,达到了这样的标准,组织的治理也就达到了永续创造的"玄德"要求。

明确了治理准则与任务之后,永续创造型组织需要在领导者职责、领导者信念、领导方式、组织文化、组织变革、组织结构、对外关系和应对战争等方面形成一系列的具体要求和安排。这些构成了本篇后续各讲的内容。

附:本讲对应的《道德经》原文及其译文

19.1　愚之为道

【原文】

古之善为道者,非以明民,将以愚之。

民之难治,以其智多。

故以智治国,国之贼;

不以智治国,国之福。

知此两者亦稽式。

常知稽式,是谓玄德。

玄德深矣远矣,与物反矣,然后乃至大顺。

(六十五章)

【译文】

古时候善于处理好道在衰减阶段的人,不是让百姓变得明察,而是让百姓变得愚钝。

百姓之所以难以治理,是因为他们足智多谋。

所以,以智谋治国,是国家的灾难;

不以智谋治国,是国家的福气。

理解这两者的区别就有了比对的准则。

始终清楚比对的准则,可以说是最高深的德。

最高深的德影响深远,与当下的物欲横流相反,坚守下来才会达到有道者之巅。

19.2　为无为则无不治

【原文】

不尚贤,使民不争;

不贵难得之货,使民不为盗;
不见可欲,使民心不乱。
是以圣人之治,虚其心,实其腹,弱其志,强其骨。
常使民无知无欲,使夫智者不敢为也。
为无为,则无不治。

(三章)

【译文】

不树立绝对权威,使百姓敢于创造;

不哄抬短缺货物价格,使百姓不会铤而走险去偷窃;

不炫耀权势姿色,使百姓人心不乱。

有道者的组织治理,是要让百姓愿意接受新的东西,温饱百姓的肚子,弱化百姓的必得之志,强化百姓的骨气。

常使百姓去除成见和抑制贪欲,使善于谋划的人不敢去算计。

努力做到自我舍弃,则没有什么治理不好的。

第二十讲 领导者职责

谁都知道一个组织不能缺少领导。但未必谁都知道一个永续创造型组织需要什么样的领导。

换个角度先要问,一个永续创造型组织需要它的领导者承担什么职责或者扮演什么角色?

从本讲涉及的原文中,可以归纳出《道德经》为永续创造型组织领导者提出的三大职责。

● **其一,复众人之所过。**

在老子看来,领导者的首要职责是"复众人之所过,以辅万物之自然而不敢为"。"复众人之所过"是弥补普通民众所作不足和纠正他们所作过火的地方。由于不是所有的人能够自觉地按照"玄德"的"不欲盈"原则行事,总是有一些组织成员这样那样不愿舍弃,所以如果没有人主动承担这样的领导职责的话,事物就无法按照其客观趋势得以顺利发展。

通常人们以为坐等变化结果或者维持不变才是自然的要求,这是不符合自然演化规律的看法。其实在天人合一之道领域,同时存在大量的可供发现的道,按照道的方向主动开展创造创新才是顺其自然。因为道有生命周期并在变化中不断更替正是自然规律的体现,所以特别要在具体的道上"不敢为"而适时弃旧以图新,才算是"辅万物之自然"即顺应了自然的演化要求。

_{是以圣人欲不欲,不贵难得之货,学不学。复众人之所过,以辅万物之自然而不敢为。(六十四章)}

- **其二,处无为之事,行不言之教。**

> 是以圣人处无为之事,行不言之教。(二章)

除了"复众人之所过"即对他人所为的不足和过失进行弥补和纠正之外,领导者还要以身作则、率先垂范。"是以圣人处无为之事,行不言之教"要求领导者负责处理主动舍弃的事宜,而这项工作要通过言传身教的形式完成。

具体地,领导者要在生活中各个方面起带头示范作用,"是以圣人欲不欲,不贵难得之货,学不学"。这其中,"不贵难得之货"的意思和必要性上一章已经谈过。"欲不欲"和"学不学"比较难懂些。"欲不欲"可以有两种意思。一是指要积极做到舍弃自己手中已有的东西,二是指追求别人不想要的东西。前者是"为无为"的体现,后者是"复众人之所过"或者"处众人之所恶"的要求。"学不学"也有两种解释。一是学会忘却清空自己的成绩,以免重复以往的旧的习惯和做法以至阻碍与时俱进。这是领导者作为当事人"不尚贤"的体现。这时两个"学"字分别指学习和模仿,即学会不去重复过去的事情。二是学习常人不学的新知。这也是"复众人之所过"的延伸。此时两个"学"字都是学习的意思。

- **其三,袭明要妙,救人救物。**

> 善行无辙迹;善言无瑕谪;善数不用筹策;善闭无关楗而不可开;善结无绳约而不可解。是以圣人常善救人,故无弃人;常善救物,故无弃物。是谓袭明。故善人者,不善人之师;不善人者,善人之资。不贵其师,不爱其资,虽智大迷。是谓要妙。(二十七章)

领导者还有一个重要的职责是用人用物,一般都知道要做到人尽其才、物尽其用。对此,老子提出了两条人尽其才、物尽其用的途径。

第一条途径是发现其长处加以充分发挥。对此,他说,"善行无辙迹;善言无瑕谪;善数不用筹策;善闭无关楗而不可开;善结无绳约而不可解。是以圣人常善救人,故无弃人;常善救物,故无弃物。是谓袭明。"其中,"善行""善言""善数""善闭"和"善结"刻画了做事的至高境界,由此提出用人用物的最高目标是没有多余的人和物即人尽其才、物尽其用。

那么怎样才可以实现这样的目标呢?途径是"袭明"。"袭明"的本意是循着光亮而至。如果以人和物的长处比喻作光亮的话,那领导者的任务就是善于发现其长处而加以发挥。

第二条途径是巧妙地将创造者与其他人加以组合。"故善人者,不善人之师;不善人者,善人之资"中,"善人"指有道者即有创造力和创造型组织领导力的人,"不善人"是其他不具有这些能力的人;有道者应是其他人向他学习请教的老师,而其他人则是有道者可以借重的重要资源。如果能形成这样的互补关系,永续创造型组织的构成就实现了最佳。反之,"不贵其师,不爱其资,虽智大迷"。

为什么现实中会有人不贵其师或者不爱其资还觉得自己聪明睿智呢?一方面,由于创造开拓潜在地会影响人们的既得利益,故常有对具有创造力的无名之辈压制打击现象发生,更不用说向他们学习了;另一方面,一些有创造愿望和能力的人士又出于自利等原因不愿接近普罗大众,无法借助大家的力量将道提供的创造空间发掘出来。这样自以为得计的选择结果将使得创造活动无法充分进行。那么怎样才能同时实现"贵其师"和"爱其资"呢?途径是"要妙"。"要妙"直译就是寻找妙处加以组成。所以此时领导者的任务就是"要妙",在"善人"和"不善人"之间搭建起一座互补共赢的桥梁。

附:本讲对应的《道德经》原文及其译文

20.1 复众人之所过
【原文】
是以圣人欲不欲,不贵难得之货,学不学。
复众人之所过,以辅万物之自然而不敢为。
(六十四章)
【译文】
领导者追求的是常人没有兴趣的境界,不牟取珍稀物品,学习常人不学的知识。
修复众人做过头的地方,以辅助万物按自然规律发展而不敢守成不前。

20.2　处无为之事

【原文】

是以圣人处无为之事，行不言之教。

（二章）

【译文】

领导者负责处理的是弃旧图新的事情，践行的是以身作则的风范。

20.3　救人救物

【原文】

善行无辙迹；

善言无瑕谪；

善数不用筹策；

善闭无关楗而不可开；

善结无绳约而不可解。

是以圣人常善救人，故无弃人；

常善救物，故无弃物。

是谓袭明。

故善人者，不善人之师；

不善人者，善人之资。

不贵其师，不爱其资，虽智大迷。

是谓要妙。

（二十七章）

【译文】

善于行动者做事不留痕迹；

善于言辞者不留受人指摘的口实；

善于计数者不必借助运算工具；

善于闭锁者没上门闩外人也无法打开；

善于打结者不用绳索别人也无法解开。

因此，领导者总是善于救助人，所以没有被遗弃的人；

总是善于利用物，所以没有被废弃的物。

这就是循着光亮而至。

所以,有道者是无道者的师范;
无道者是有道者的资源。
不珍贵其老师,不爱惜其资源,虽理智但却大为糊涂。
这就是需要妙法之源。

第二十一讲·领导者信念

　　永续创造型组织需要合格的领导者来承担"为无为"等重要治理任务。但是，一个在能力方面符合要求的领导者为何有动机来承担带头并引导他人主动舍弃既得利益的责任？

　　具体地，领导者不仅要苦口婆心地劝导民众"无知无欲"投身或支持创造性事业，而且自己一不能被"尚贤"（比如不能官而优则院士等），二不得"贵难得之货"牟取暴利，三不可利用权势去"见可欲"而享受奢华人生。担任这样的领导者图个啥？

　　进一步地，领导者要靠什么信念作支撑去始终如一地坚守永续创造型组织的领导职责？

　　对此，老子提出了他为永续创造型组织领导者准备的一组信念。

● **其一，以成就感为名。**

　　从理性思维原则出发，人出来做事无非是为了名利，最好是名利双收。从名誉的角度看，如果能够实现"子孙以祭祀不辍"，那就达到了名垂青史的极致。"善建者不拔，善抱者不脱"的比喻告诉人们，只要善于建树和汇聚，在世上一定可以留下自己的印痕。

　　至于所获名誉的高低，则取决于贡献的大小。老子将之分为自身、家庭、乡里、邦国和天下五种可能惠及的范围。从

> 善建者不拔，善抱者不脱，子孙以祭祀不辍。修之于身，其德乃真；修之于家，其德乃馀；修之于乡，其德乃长；修之于邦，其德乃丰；修之于天下，其德乃普。故以身观身，以家观家，以乡观乡，以邦观邦，以天下观天下。吾何以知天下然哉？以此。（五十四章）

"修之于身,其德乃真;修之于家,其德乃馀;修之于乡,其德乃长;修之于邦,其德乃丰;修之于天下,其德乃普"中可看到,随着修建力度的扩大,德也从开始的虚无变成了真实并一直惠及全天下。反过来,"故以身观身,以家观家,以乡观乡,以邦观邦,以天下观天下"时,看到在自己的亲手努力下所惠及对象得到改变,自豪感、成就感自可油然而生。于是,"吾何以知天下然哉?以此"这句比较难理解的话,以第一人称表达出永续创造型组织领导者的心底感受:我是如何知晓天下变得如此这般的,就是因为这是自己亲力亲为而修建成的。

- **其二,取长远利益为利。**

因为永续创造型组织的目标是实现历变不衰,所以其领导者个人行为选择的时间视野也要与组织追求长期生存的根本利益一致起来。那么从长期来看,领导者利益又体现在哪里?

老子借"天长地久。天地所以能长且久者,以其不自生,故能长生"的道理,提出"是以圣人后其身而身先;外其身而身存"的要求。也就是说,面对当前利益,只有像天地那样,把自己的位置摆在民众之后或得利者圈子之外,才能成为事实上也是最终获得长远利益的领导者。这不就是因为无私而实现的个人好处吗?所以说"非以其无私邪?故能成其私。"

或许还会问,领导者的长远利益到底体现在哪里?领导者不可能不吃不喝,也有照顾家人和自己生病养老等利益索取的必要,所以一定有其相应的待遇和回报。这里要考虑的是短期利益与长期利益的权衡问题。比如,如果领导者利用权势优先获得了当前某些好处,就会因挫伤民众的创造积极性而减少了未来可获得的名与利的回报。反之,如果领导者能够先人后己地激励民众积极开展和参与创新创造,根据"与人己愈多"的道理,在未来会最终获得更多的回报。

领导者有了正确的动机之后,还需要经常进行严格的内修以保持"为无为"等行为的长期稳定性。

天长地久。天地所以能长且久者,以其不自生,故能长生。是以圣人后其身而身先;外其身而身存。非以其无私邪?故能成其私。(七章)

内修的第一个方面是不留杂念。"圣人常无心,以百姓心为心"中"无心"并不是不思考甚至缺心眼的意思。同前面"无为"、"无知"和"无欲"等处以"无"强调去除的用法一样,"常无心"即是经常要去除心中过去形成的想法和观念。作为永续创造型组织的领导者,自己本身不能有特定的利益追求,要能够经常去除已有的想法而根据百姓关注的取向调整努力的目标。有了这样的心胸,就可以做到包容一切人、一切事。

> 圣人常无心,以百姓心为心。善者,吾善之;不善者,吾亦善之;德善。信者,吾信之;不信者,吾亦信之;德信。(四十九章)

于是,"善者,吾善之;不善者,吾亦善之;德善。信者,吾信之;不信者,吾亦信之;德信。"也就是说,一个人无论他是否能够和愿意行道建德,有道的领导者都要对其加以善待,因为德"人之不善,何弃之有"、"常善救人,故无弃人"的责任内涵要求这样去做;无论一个人是言而有信还是言而无信,有道的领导者都要对之加以信任,因为德"复众人之所过"的包容内涵要求这样去做。

内修的第二个方面是谦逊戒骄。在事业初期,领导者一般都会比较谦虚好学。在取得显著成功之后,很可能由于自信心膨胀而形成自高自大、自以为是的心态。其实这时新的事物变迁时机已经来临,成功的经验即将甚至已经成为过去。所以老子说,"知不知,尚矣;不知知,病也。圣人不病,以其病病。夫唯病病,是以不病。"其中,"病病"中前一个"病"是责备、不满的意思,所以合起来就是保持对"不知知"即不懂却装懂心态的戒备。其实也只有承认自己对新事物的愚钝无知,领导者才会真正胜任"为无为"的重任。

> 知不知,尚矣;不知知,病也。圣人不病,以其病病。夫唯病病,是以不病。(七十一章)

内修的第三个方面是持重冷静。领导永续创造型组织实现"为无为"变革变迁,不是一场轰轰烈烈走过场的秀,而是一个充满困难与风险甚至是在刀尖上起舞的挑战过程。所以领导者的冷静心态十分重要。老子强调说,"重为轻根,静为躁君"。为了能够抑制轻率和浮躁,需要始终保持危机意识和防范意识,强化稳重和冷静的心态。"是以君子终日行不离辎重"说的就是这个道理。这看起来不难做到的要求,对处于领导高位者其实是很难坚持的。

> 重为轻根,静为躁君。是以君子终日行不离辎重。虽有荣观,燕处超然,奈何万乘之主,而以身轻天下?轻则失根,躁则失君。(二十六章)

老子以生活中常见的国家最高统治者的行为为例形容其难:"虽有荣观,燕处超然"。你看,虽然四周筑有高高的营垒以示敌情,但他还是能够安享盛宴。"奈何万乘之主,而以身轻天下?"他不禁叹息,拥有千军万马的君王带头不以天下为重还有什么指望?所以,老子对内修的第三个告诫是"轻则失根,躁则失君"。

附:本讲对应的《道德经》原文及其译文

21.1 善建者不拔

【原文】

善建者不拔,善抱者不脱,子孙以祭祀不辍。

修之于身,其德乃真;

修之于家,其德乃馀;

修之于乡,其德乃长;

修之于邦,其德乃丰;

修之于天下,其德乃普。

故以身观身,以家观家,以乡观乡,以邦观邦,以天下观天下。

吾何以知天下然哉?

以此。

(五十四章)

【译文】

善于建树的人不去,善于汇集的人不离,后代因感念而祭祀不断。

建树和汇集之于自身,其德变为现实;

建树和汇集之于家庭,其德溢出有余;

建树和汇集之于乡里,其德得到增长;

建树和汇集之于国家,其德更加丰厚;

建树和汇集之于天下,其德最为广博。

所以,通过观察自身、家、乡、国和天下的状况,就可以了解德惠及其身、其家、其乡、其国或者全天下。

我是怎样知道天下如何的？

上述就是。

21.2　无私成私

【原文】

天长地久。

天地所以能长且久者，以其不自生，故能长生。

是以圣人后其身而身先；

外其身而身存。

非以其无私邪？

故能成其私。

（七章）

【译文】

天长地久。

天地之所以能够长久，是因为它不是在为自己而生存，所以能长生。

所以，有道的领导者在利益面前身处旁人之后反而能够领导人们前行；

置身其外反而能够存在。

不正是因为其无私吗？

所以才能达成其私利。

21.3　圣人常无心

【原文】

圣人常无心，以百姓心为心。

善者，吾善之；

不善者，吾亦善之；

德善。

信者，吾信之；

不信者，吾亦信之；

德信。

（四十九章）

【译文】

有道的领导者经常清除心里的既有想法,去想百姓之所想。

有善行者,我善待他;

无善行者,我也善待他;

因为德要求善待一切人。

诚实守信者,我信任他;

言而无信者,我也信任他;

因为德可以让所有人守信。

21.4 病病不病

【原文】

知不知,尚矣;

不知知,病也。

圣人不病,以其病病。

夫唯病病,是以不病。

(七十一章)

【译文】

知道自己不懂,值得尊重;

不懂却装懂,可谓弊端。

有道的领导者没有这样的弊端,是因为他防范弊端。

始终防范弊端,所以没有弊端。

21.5 行不离辎重

【原文】

重为轻根,静为躁君。

是以君子终日行不离辎重。

虽有荣观,燕处超然,奈何万乘之主,而以身轻天下?

轻则失根,躁则失君。

(二十六章)

【译文】

稳重可以让轻率有所系托,安静可以让浮躁得到管束。

所以有道的领导者整天都是有备而行。

虽然四周筑有营垒警戒,但仍能安享盛宴,拥有千军万马的君主却带头轻视天下,又有什么办法?

轻率则失去根本,浮躁则失去管束。

第二十二讲·领导方式

担当永续创造型组织的领导者，需要掌握一套与领导那些不以永续创造为使命的普通型组织截然不同的领导方式或领导艺术，才能吸引组织成员一起实践永续创造之德。比如，对于那些注重模仿和执行的组织，创造创新仅是偶尔为之或被迫而为。这些组织不仅在组织目标和任务上存在实质区别，而且在日常的利益相关者关系处理、对待创造型人才的态度、上下级关系处理上都会采取与永续创造型组织不同的方式方法。《道德经》在这些方面都做了非常精彩的论述。

● **其一，让每个人的利益都不受损。**

"治大国，若烹小鲜"或许是《道德经》中各类组织领导人接受赞颂时最喜欢听到的一句话了。但对其真实意思未必十分清楚。现实中，这句话常常被认为是形容举重若轻甚至小菜一碟似的轻而易举。

但实际上，它的本义是阐述"两不相伤"的境界和意义。"两不相伤"是指行道建德的组织行为不会损害到个人的利益，个人的行为也不会对组织追求历变不衰的目标构成不利影响。

从组织层面上看，"两不相伤"的理念与近代福利经济学中的"帕累托改进"概念相一致。"帕累托改进"的原理是，如果在不减少一方或一些人福利的前提下，通过改变现有的资源配置可以提高另一方或另一些人的福利时，整个社会就可

> 治大国，若烹小鲜。以道莅天下，其鬼不神；非其鬼不神，其神不伤人；非其神不伤人，圣人亦不伤人。夫两不相伤，故德交归焉。（六十章）

从资源使用效率提高中整体受益。

放在"治大国,若烹小鲜"的情景里也是这样。生活中,在烹饪"小鲜"即小鱼时注意观察,有两个因素决定了不必也不能像烹饪大鱼那样翻炒。一个是小鱼体积小,容易煮透,因而不必多次翻炒就能均匀熟透;另一个是小鱼骨头纤细,较容易折断,因而翻炒会把小鱼搞成碎末烂成一团。于是,"烹小鲜"的烹饪标准是,每条小鱼均匀熟透的同时还保持整条原样。如果把小鲜烹熟了,但每条小鱼都碎成几段彼此混为一团,那么连这个厨师自己都不会满意。故这里的每条小鱼的外形不会因烹煮而受到伤害,暗含着上述帕累托改进的原理。

"烹小鲜"的类比可以折射到"治大国"。国家由诸多相当于小鱼的个体小民所组成。国家越大,个体小民就越多,就越需要考虑是否要用翻炒的方式治理国家。一来个体小民所需有限,不必以抽肥补瘦等翻炒的方式就可满足。二来个体小民可转移的剩余资源有限,苛捐杂税会让他们陷入生活困境。

所以,"治大国"应该追求的是,让个体小民都在受益于公共治理的同时还维系着彼此之间利益界线而不致相互侵犯。也就是说,在达成国家治理目标时,不应该以牺牲一部分人的利益去提高另一个阶层甚至整个组织的福利。比如,若国家给每个国民提供公共安全等保障是以权势来决定是否谁需要承担兵役义务,达官贵人可以免除兵役,穷人家庭必须出人甚至出钱来保卫富人,那么就达不到"烹小鲜"的帕累托改进要求。

那么,怎样实现"治大国,若烹小鲜"般"两不相伤"呢?

老子提供的思路是"以道莅天下"。"莅"的意思是到来,那么"以道莅天下"就是把道提供的可能变成人间现实。通过把天人合一之道提供的创造机遇和发展空间发掘出来,那么就有了"有余以奉天下"的福利增量。如果能通过这个增量的分配对可能受到的损害加以足额补偿,兼顾到每个个体的局部利益都不受损害,那么就可以达到"两不相伤"前提下提升社会福利的目标状态。

从领导方式的角度看,"以道莅天下"通过创造新的财富化解或避免社会矛盾冲突的思想,为实现永续创造提供了一种让拜祖求神都失去意义的坦途。在"以道莅天下,其鬼不神;非其鬼不神,其神不伤人;非其神不伤人,圣人亦不伤人"中,"鬼"指已故祖先,"神"是已故祖先的精灵显露。也就是说,由于每个个体的福利都从道的实现中得到改善,求助已故祖先显灵保佑就变得不必要了,因为有道者不仅不会损害大家的利益,还能给大家带来切实好处。

总结起来,"夫两不相伤,故德交归焉"。也就是说,由于以道引领不会对民众的利益造成伤害,民众也乐于按照道的指引开发出相应的财富并享受其好处,于是德就通过原来利益冲突两方的合力而实至名归了。

- **其二,宽容、宽松和宽厚地鼓励创造。**

永续创造型组织的最宝贵资源是创造型人才。但是,正如前面讨论过的,创造型人才有其独特的人格特质。创造过程本身也具有高度的不确定性。如果组织及其领导人以对待常人常事的惯例和制度来对待创造型人才,则不利于其创造才能的发挥。

老子以玄妙但又非常形象的比喻来说明对于创造型人才应采取的领导方式。具体可以通俗地概括成宽容、宽松和宽厚三宽原则。

"知其雄,守其雌,为天下溪"强调宽容对待创造型人才的情绪变化。

虽然创造型人才好奇心强,偏执地对现存事物持批评态度并追求与众不同的创意,但在开展创造性活动时,结果的高度不确定性决定了这些人才必须面对交替出现的进展和挫折。这就不可避免地会导致其心理经历着像过山车一样的情绪起伏,时而雄心万丈,时而孱弱不堪。

为此,领导者需要"为天下溪",以宽容的姿态接纳创造型人才情绪的变化无常。只有这样,"常德不离"。"常德"和"玄

知其雄,守其雌,为天下溪。为天下溪,常德不离,复归于婴儿。知其白,守其黑,为天下式。为天下式,常德不忒,复归于无极。知其荣,守其辱,为天下谷。为天下谷,常德乃足,复归于朴。朴散则为器。圣人用之,则为官长。故大制不割。
(二十八章)

德"含义接近。两者的区别在于前者描述德跨越时间的持续性,即一次接一次地有德,而后者则强调及时弃旧对实现德的这种持续性的关键作用。所以"常德"是永续创造之德的另外一种说法。也就是说,只有有了宽容的环境,创造型人才才不会因为自己的情绪起伏而被常人看不惯和被惯例所不容,以至于能够"复归于婴儿"般的好奇心继续其探索发现的创造进程。

"知其白,守其黑,为天下式"主张宽松对待创造型人才的作息。

日出而作,日落而息,这本是天下人普遍实行的作息规律。尽管创造型人才热爱创造发明,愿意夜以继日地展开研究,但作为领导者不能把这种日程安排当作任务来要求。那些急功近利,以牺牲创造型人才健康为代价强迫加班加点的做法最终会得不偿失。反过来,让创造型人才规规矩矩地打卡上班,没有时间弹性,又有违发明创造活动的规律。

领导者"为天下式",尊重作息规律和创造活动规律,自己承受的进展压力再大也要千方百计设法保证创造型人才的生活和工作条件,从而让他们"常德不忒,复归于无极"。"忒"的意思是差错或闪失。"无极"在静态上看是不走极端,在动态上看是让创造过程得以一轮接一轮始终如一地持续进行。

"知其荣,守其辱,为天下谷"则要求宽厚对待创造型人才的成败。

创造性活动取得成功固然荣耀,但创造性活动却又以失败居多。对于创造型人才,没有常胜将军可言。领导者如果只接受成功,不容许失败甚至惩罚失败,那么就将有如下情形发生:遭遇失败的创造型人才失去了基本的信任和其他工作环境而放弃或者暂缓创造性探索;已经取得成功的创造型人才因为惧怕失败而不愿再次展开创造性工作;即将从事创造性工作的创造型人才转而选择失败风险低但创造性意义也较弱的项目。

所以,领导者应当"为天下谷",与创造型人才荣辱与共。

这样,"常德乃足",创造型人才就会以十足的干劲"复归于朴",淡化成败得失,以平实的心境心无旁骛地钻研。

宽容、宽松和宽厚可以为组织的创造活动带来"婴儿"般的活力、"无极"般的持续和"朴"实的淡定风气。老子认为这三种状态可以归结在"朴"上,因为愿意和勇于承受失败的平实心态是最难做到和最难保持的。

"朴散则为器,圣人用之,则为官长"进一步明确提出把朴素平实风气推广开来,形成领导者以至整个社会的器量,是领导者应当采用的工作方式。其中,"器"在此当器量解。依托这样的器量,方能胜任永续创造型组织的领导者。

将"朴"泛化成为领导者和社会必须拥有的器量,老子提出的根据是"大制不割"。

"大制"和"不割"在这里都有两种不同解法。"大制"是指大刀般利器,亦指完整的管束体系。"不割"既有感觉不到刀锋所在的意思,也有不可割裂的意思。

所以,"大制不割"可以有两重解释,一个是大刀虽利但不会感觉到其锋刃之利,另一个是完整的管束体系不能割裂开来。运用到三宽原则上,前者形容即使是在一个巨大的社会体系中也是朴实之风盛行,感受不到急功近利的刀刃逼迫。相应地,好的政策不应让创造型人才的积极性受到伤害;后者则指雄心勃勃与情绪低落、熬夜与昏睡、成功与失败是创造型人才身上伴生的现象,完整的管束体系不能只接受对组织有利的一面而容不下不利的另一面。

- 其三,言下身后善待下级。

作为领导者,日常管理中如何对待下级始终是一个问题。现实中,有的一把手喜欢在外面游逛炫耀之后回到单位动辄呵斥辱骂下属,生怕他们忘了谁是领导。有的一把手相反却谦和有加,在下级面前一点也不像领导。在上下级关系上,永续创造型组织需要什么样的领导方式?

老子说,"江海之所以能为百谷王者,以其善下之,故能为百谷王"。这个形象的类比是说,要想成为"百谷王"一样的领导者,必须要有江海那样"善下"的姿态和气量。"善下"有两条具体要求:一是"欲上民,必以言下之",即要作为上级管理下级,应当在言语上谦逊对待下级。二是"欲先民,必以身后之",即要发挥其领导作用,应当在利益上先人后己。

"善下"带来的效果可以从三个方面体现:一是"天下乐推而不厌"。由于"圣人处上而民不重,处前而民不害","是以天下乐推而不厌"。二是"天下莫能与之争"。领导者"以其不争,故天下莫能与之争"。三是"民不畏威,则大威至"。

为什么"民不畏威"领导者反而最有威信?

因为当民众对领导者无所畏惧时,才说明上级对他没有任何压迫和威胁。民众"无狎其所居,无厌其所生"而热爱生活,于是"夫唯不厌,是以不厌"。"夫唯不厌,是以不厌"说明,唯有民众"无厌其所生",才有对领导者的"乐推而不厌",领导者也才"大威至"。

"善下"而"大威至"的前提:"是以圣人自知不自见;自爱不自贵。故去彼取此。"领导者如果没有心态的转变,以固执己见、自视清高的姿态是很难做到"善下"的。在这里,老子也注意到领导者的心理需要,提出应该在"自知"和"自爱"的同时做到不自见和不自贵。

"善下"提倡隐身式管理。就领导者与普通组织成员的联系而言,老子分了四种状态,分别为"太上,下知有之;其次,亲而誉之;其次,畏之;其次,侮之"。其中,被认为从最差到最好的状态依次是背后辱骂上级、害怕上级、亲近并赞誉上级和仅仅知道有这么个上级。

永续创造型组织对创造型人才的高度依赖,决定了上述排序。因为创造型人才喜欢离群索居、挑战权威,办理常规事务有时还心不在焉甚至有所冒犯,所以领导者的走动式或压迫式管理只能让其敬而远之甚至产生厌恶。

下级仅仅知道上级的名字,并不意味着领导者在组织中可有可无。老子具体提出了两条隐身式管理的参照标准。

江海之所以能为百谷王者,以其善下之,故能为百谷王。是以圣人欲上民,必以言下之;欲先民,必以身后之。是以圣人处上而民不重,处前而民不害。是以天下乐推而不厌。以其不争,故天下莫能与之争。(六十六章)

民不畏威,则大威至。无狎其所居,无厌其所生。夫唯不厌,是以不厌。是以圣人自知不自见;自爱不自贵。故去彼取此。(七十二章)

太上,下知有之;其次,亲而誉之;其次,畏之;其次,侮之。信不足焉,有不信焉。悠兮其贵言。功成事遂,百姓皆谓:"我自然"。(十七章)

一个是"贵言"。"信不足焉,有不信焉"是说,如果领导者说话不算数,那么组织成员当然不会信任他。反之,如果能够"悠兮其贵言"即珍视自己的一言一行,那么就无需领导者时时自己出面反复承诺。另一个是"自然"。"自然"在这里是指理所当然,形容没有人为干预而顺畅无阻。在"功成事遂,百姓皆谓:'我自然'"这句话中,老子感叹道,如果能做到百姓在事情办成后都感觉自己很顺利就太好了。反之,一路不断地求见官员、打点关系才能办成,总让人们感觉到官的存在和阻碍,那就不是隐身管理的境界了。

附:本讲对应的《道德经》原文及其译文

22.1　以道莅天下两不相伤

【原文】

治大国,若烹小鲜。
以道莅天下,其鬼不神;
非其鬼不神,其神不伤人;
非其神不伤人,圣人亦不伤人。
夫两不相伤,故德交归焉。

(六十章)

【译文】

治理大国,如同烹制小鱼。
让道莅临天下,鬼魂都变得不再神奇;
不是鬼魂不神奇,而是其神奇不伤害人;
不是其神奇不伤害人,而是有道者也不会伤害人。
以道引领让百姓利益彼此没有冲突,于是德就并行而至了。

22.2　大制不割

【原文】

知其雄,守其雌,为天下溪。
为天下溪,常德不离,复归于婴儿。

知其白,守其黑,为天下式。
为天下式,常德不忒,复归于无极。
知其荣,守其辱,为天下谷。
为天下谷,常德乃足,复归于朴。
朴散则为器。
圣人用之,则为官长。
故大制不割。
(二十八章)

【译文】
时而雄壮奔放,时而柔弱安静,能容纳如此洪流的是天下的溪涧。
有了天下溪涧的包容,永续之德不会离开,于是重新回归愚钝好奇。
日出劳作,日落而息,是天下的作息方式。
遵从天下的作息方式,永续之德不出差错,于是周而复始无穷无尽。
拥抱高涨,承受跌宕,能适应如此变迁的是天下的峡谷。
有了天下峡谷的宽厚,永续之德完整无缺,于是重新归于平实淳朴。
让平实淳朴扩散开来则有了器量。
有道者加以运用,就可以胜任领导者。
所以,完整的体系是不能割裂的。

22.3 言下身后

【原文】
江海之所以能为百谷王者,以其善下之,故能为百谷王。
是以圣人欲上民,必以言下之;
欲先民,必以身后之。
是以圣人处上而民不重,处前而民不害。
是以天下乐推而不厌。
以其不争,故天下莫能与之争。
(六十六章)

【译文】

江海之所以能够容纳百川,是因为江海喜欢处在下方,所以能容纳百川。

所以,领导者要想管理百姓,必须谦卑地与他们交谈;

想领导百姓,必须无私地作他们的后盾。

所以,领导者处于上位时百姓没有感受到压迫,施以领导时不会对百姓构成侵害。

因而,天下百姓乐意推举而不厌恶。

由于不争,所以天下没有谁能够与其相争。

22.4 民不畏威

【原文】

民不畏威,则大威至。

无狎其所居,无厌其所生。

夫唯不厌,是以不厌。

是以圣人自知不自见;

自爱不自贵。

故去彼取此。

(七十二章)

【译文】

百姓不惧怕其威严,则最有威严。

不糟蹋自己的居所,不厌倦自己的生活。

只有不厌倦自己的生活,才会不厌倦社会。

所以,领导者应自知而不固执己见;

懂得自爱而不炫耀权势。

故而放弃后者而选择前者。

22.5 下知有知

【原文】

太上,下知有之;

其次,亲而誉之;

其次,畏之;

其次,侮之。

信不足焉，有不信焉。
悠兮其贵言。
功成事遂，百姓皆谓："我自然"。
（十七章）

【译文】

最好的情况是，下属只知道有该领导者存在；
其次，下属亲近领导并加以赞誉；
再次，下属畏惧领导；
最差的情况是，下属辱骂领导。
领导不讲信用，下属自然不会信任他。
所以，领导说话要算数。
事情顺利办成，百姓都说"我感到很顺畅"。

第二十三讲 · 组织文化

永续创造型组织如何管理？一般法律规章制度当然不可缺少。问题是，依靠严格的法规制度来管理创造型人才是否合适？根据组织管理的原理，规章制度是依据组织目标而设计的。那么，什么样的规章制度有助于永续创造之德的实现？组织又需要建立什么样的文化氛围来与规章制度相匹配？

《道德经》先为永续创造型组织制度提出制定底线和目标状态的原则。

- **其一，"以死惧之"得不偿失是把握制度设计底线的原则。**

组织为了顺利实现其目标，总希望依托法规制度让每个成员都能做到令行禁止。但法规制度的制定是否越严越好值得深思。表面上看，法规制度越严，其组织成员越容易做到行动整齐划一。那么，作为一个极端，严刑峻法可否帮助永续创造型组织顺利实现其目标？老子的答案是否定的。

一方面，"民不畏死，奈何以死惧之？"有民众不怕死就足以让严刑峻法失效。另一方面，"若使民常畏死，而为奇者吾得执而杀之"。也就是说，只要把胆大妄为者都抓来杀掉就可让民众变得怕死。但问题是"孰敢？""孰敢"常被解释为谁还敢胡作非为。但这样解释就与下面句子的意思不相吻合。所以"孰敢"此处解读为"然而谁敢这样放开杀人"。虽说乱世用重典、杀一儆百可以理解，但正常情况下，组织特别是永续创

> 民不畏死，奈何以死惧之？若使民常畏死，而为奇者吾得执而杀之。孰敢？常有司杀者杀。夫代司杀者杀，是谓代大匠斫。夫代大匠斫者，希有不伤其手矣。
> （七十四章）

造型组织未必需要实行严刑峻法。

老子认为夺人性命本来是司杀者即死亡之神去负责的事,故"常有司杀者杀"。但如果人为地去替代死亡之神行事,则与后来庄子在《逍遥游》里描绘的越俎代庖现象性质一样。老子形容说,"夫代司杀者杀,是谓代大匠斫。夫代大匠斫者,希有不伤其手矣"。细究下来,这种越位行事很容易给自己带来伤害:一是引发报复,二是殃及无辜。这些都会造成组织内人际关系的紧张,从而破坏宽容、宽松和宽厚的创造性环境。

- **其二,"方而不割"宽严相济是把握制度设计理想目标的原则。**

严刑峻法得不偿失的底线确定以后,就需要思考如何在严刑峻法与放任不管之间找到恰当的制度设计尺度。老子进一步从政府与民众互动的角度比较了不同制度设计的效果。

其政闷闷,其民淳淳;其政察察,其民缺缺。是以圣人方而不割,廉而不刿,直而不肆,光而不耀。(五十八章)

一种是"其政闷闷"式制度。"闷闷"在这里既有自闭而没有越界的意思,又形容了当事者受到抑制而沉闷不舒的状态。老子认为,有限或自我约束的政府管制将换来"其民淳淳"的朴实风气。

另一种是"其政察察"式制度。"察察"意思是一丝不苟地仔细查验,形容政令严明且施政者干劲十足。这样的制度效果如何呢?老子的观点是将造成"其民缺缺"。"缺缺"可从两个方面反映制度实施的结果。从施政者的角度看,像用放大镜查看一样,每个民众的行为都有缺失;从民众的角度来看,在严苛的高压制度下,既然做不到或难以做到,干脆出于逆反心理采取对着干或者专找空子钻,形成上有政策下有对策的博弈格局,结果搞得更糟。

上述两种制度的效果对比,要求施政者寻找恰当的方式方法处理好组织一致性与保持宽容、宽松和宽厚双重目标之间的关系。

老子为此提出了思考的方向:"是以圣人方而不割,廉而不刿,直而不肆,光而不耀。"也就是说,理想的制度应当是方正而不割手,有棱角而不刺人,直率而不放肆,发光而不耀眼。概括起来就是讲原则但不伤人。用今天的专业术语也可以说是宽严相济。

"方而不割"在实际中能否做到?

老子以对从事创造活动的组织成员的考核为例做了说明。

道的特点决定了创造本身是一个结果非常不确定的探索过程。如果对组织中从事创造活动的成员采用"其政察察"式的管理方法,那么施政者往往会采取结果导向或者说唯结果是问的考核制度。

这是因为,创造者加班熬夜或者为难题所困夜不能寐时施政者看不到,创造者白天呼呼大睡或者心不在焉却时时映入施政者的眼帘,从而施政者就会觉得创造者整日无所事事甚至偷懒不务正业,现场不好发作就会想到秋后算账。

届时,施政者就会要求创造者交付约定的成果。如果没有完成,就要予以惩处。即使事后发现惩处过早或过头予以弥补纠正,这种"和大怨"的补救,也"必有余怨"即还是会造成后续怨恨的不利影响。

"安可以为善?"改善的途径就是遵循"方而不割"的道理,"是以圣人执左契,而不责于人"。"执左契"在各种注释中也有应当为"执右契"之说。这是因为,在先秦时期,不论是租赁土地还是主人在佃农处寄存粮食所形成的契约凭证,都是刻在竹或木上然后劈成两半,债权人收存其中右边一半即右契,债务人则留下左边一半即左契。待到期需要交割时,债权人只需交出右契与债务人的左契对合而成完整的契约即可取得自己的地租或寄存的粮食。所以按照上述常规,债权人的确应"执右契"。

但问题是,永续创造型组织是否应当像处理普通的债权债务关系来考核和奖惩从事创造活动的组织成员呢?

试想,如果组织施政者手上拿着的是创造者作为债务人的契约部分,就相当于把自己的立场站到了债务人一边而与

和大怨,必有余怨。安可以为善?是以圣人执左契,而不责于人。有德司契,无德司彻。天道无亲,常与善人。(七十九章)

第二十三讲·组织文化

创造者形成了一个共同体。也就是说,创造活动的成功与否也是施政者自己的债务责任,不能因为没有如期取得成功就责怪具体从事创造活动的成员,所以替创造者承担责任的"执左契,而不责于人"就在情理之中了。不过这样的处理方式就出现两个问题。

一个问题是,难道从事创造活动的成员就不需要考核奖惩了吗?

对此,老子给出的答案是:"有德司契,无德司彻"。"有德"根据前面的解释已经知道,意思是按道提供的方向探索而取得了的成功。"无德"可能是因为"不失德"即没有按道提供的方向进行努力或者进行了艰苦的探索但一时还未找到道而造成的暂时无果。在"无德"的这两种情形之中,对于从事创造活动的成员来说,一般是属于后者,即主观上是想找到道的方向并将之付诸实践但仍未取得突破。"司契"就是执行契约。"司彻"中的"彻"古字通"辙",所以可理解为按车行驶压过的辙痕执行。

所以,"有德司契,无德司彻"整句话的意思就是:如果创造活动取得了成功,就按约定给予奖励;如果无果,就按在创造过程中的表现记录来进行评价。也就是说,对于后一种情况就是要求具体情况具体分析。比如说没有付出足够努力,就要给予相应惩罚;而对那些尽了自己的努力但仍未成功者,则应免于惩罚。这就要求施政者平时要注意按创造者的行为特质去贴近他们,了解他们的工作状况,提供辅助的支持。这样既能更好地履行加在自己身上的责任,也能够在考核时有据可依。

再一个需要追问的是,把责任担在自己身上就能解决问题了吗?

实际上,"方而不割"对组织施政者的挑战就是谁能更有耐心。"天道无亲,常与善人"的道理告诉我们:虽然大自然按规律运行不会对哪个人偏心或者亲疏有别,但是创造的机会往往是提供给耐心展开创造性思考的有道者的。有道者比一般人投入了更多时间、精力以及资源去思考和探索,就会比常人更有机会发现创造机遇。对于国家和企业等组织也是这样。假设道的分布是均匀的,平行的各个组织之间在成员创造潜能方面不存在差异。如果哪一个组织的施政者愿意与其成员一起承担成败责任,对创造者更加包容,对创造活动更有耐心而不是急功近利地以结果或者绩效导向,那么它一定比其他组织获得的创造性突破机会更多。

那怎样让组织能够有足够的耐心?

老子十分重视组织成员共同的价值观、行为规范等文化建设的作用。

什么样的行为规范与永续创造型组织目标相适应?老子提出了让很多后人感觉难以接受的"三绝三弃"作为组织成员共同的价值观:"绝圣弃智,民利百倍;绝仁弃义,民复孝慈;绝巧弃利,盗贼无有。"

为什么这里要"绝圣弃智""绝仁弃义"和"绝巧弃利"?

"绝圣弃智"中"弃智"的意思可以从前面第十九讲"不以智治国"的论述中得知。而"绝圣"就比较难以理解了。《道德经》中随处可见对"圣人"的赞美和期许,那为什么要让它绝种呢?如果放在一般的环境中这一定是自相矛盾的地方。但放在永续创造组织中,就有其合理存在的逻辑。与提倡"不敢为天下先"又批评今人"舍后且先"的道理一样,当一个人由于一次道的成功实现而可以称为"圣人"时,就会由于新道的潜在替代而重新进入愚钝。

所以,对个人来说,争取成为"圣人"而始终不能自认为已经是"圣人"更符合辩证思维逻辑。对于一个组织来说,根据以往的成就选出"圣人"加以尊崇神化,表面上看起来是尊重人才,但从道生生不息的更替规律来看,这等于是建立起一个让新的创造活动难以挑战和逾越的权威。这样,对国外科学家获得诺贝尔奖后学校只给提供一个免费车位感到的不解就自然消失了。"绝圣弃智"有助于形成创而不争的人文环境,可以让百姓获得更多的财富和福祉。

> 绝圣弃智,民利百倍;绝仁弃义,民复孝慈;绝巧弃利,盗贼无有。此三者以为文不足,故令有所属:见素抱朴;少私寡欲;绝学无忧。(十九章)

"绝仁弃义"是"大道废,有仁义"等观点的延续。但这里不同的是,"绝仁弃义"是一个逆命题。为什么抛弃仁义会让民众恢复孝慈?这里需要一个过渡条件,即抛弃仁义而促进永续创造。其逻辑线索是:由于创造是对旧事物和既得利益体系的破坏,老子认为仁义观强调维持纵向等级秩序和横向兄弟情义关系的稳定会制约创造力的发展从而影响历变不衰目标的实现。所以,抛弃仁义有利于为永续创造型组织带来有道可行的社会发展空间。在良好预期的宽松氛围下,民众之间不存在大的利害冲突,所以社会将回归源于本性的孝慈。

"绝巧弃利"是"常使民无知无欲"和"不以智治国"以鼓励创造的政策体现。积极的开创进取为社会带来广泛的就业和更均等的财富分配,偷盗抢掠的生存土壤即不复存在。

明确"绝圣弃智""绝仁弃义"和"绝巧弃利"作为组织成员共同的价值观的必要性之后,老子认为这还不够。"此三者以为文不足,故令有所属:见素抱朴;少私寡欲;绝学无忧",即是强调还要把"三绝三弃"落实到行为规范上。相对地,"见素抱朴;少私寡欲;绝学无忧"更为简洁,有助于日常行动中落实。而且从中可以观察到配合实现"方而不割"的作用。

"见素抱朴"主要对应"绝仁弃义"。孝慈是朴素的情感,较少仁义那样社会施加的伦理约束成分。较之以仁义礼维持等级秩序和人际关系,回归朴实的情感来维持组织内部上下级与成员之间的关系,既可以提高从事创造活动者的自由度和灵活性,还有助于提高组织实现"方而不割"的效果。

比如,那些从事创造活动的成员若被要求在处理与组织内上下级关系或者其他成员的关系时应当以仁义当先,他们就势必会感到无所适从,因为此时既需要顾忌选题对上位权威人士形成的潜在挑战及可能受到的压制,又要花时间去联络与同事的感情。在这样的限制下,组织对那些没有如期取得创造性成果的成员进行评价时,就会陷入两难:如果宽松,就会失去"方"的原则性;如果严厉,就会"割"伤创造者的积极性。显然,"见素抱朴"为"方而不割"提供了良好的人际关系基础。

"少私寡欲"是"绝巧弃利"的软性表达。与"无欲"的组织治理取向一致,"少私寡欲"要求组织施政者和组织成员一起抛弃急功近利的心态,建立一心向前看的文化,从而为耐心实施"方正不割"提供坚实的行为心理基础。

"绝学无忧"中的"学"在这里指模仿。与"绝圣"的提法相一致,"绝学"也就是说,如果有普通人无法逾越的绝对权威,大家就只能围绕这些权威的东西打转,限于模仿或重复性的工作。一个组织只会模仿,就丧失了进步的机会和条件,因而必有近忧。所以,去除组织中妨碍创造与变革的各种因素,可以使得永续创造型组织管理更加单纯,使得"方而不割"原则的把握更加简单易行。

由上可见,老子的"三绝三弃"观点和建议初看起来或许有些偏激,但却是永续创造之德的题中应有之义,切中时弊,非常值得后人深思。

附:本讲对应的《道德经》原文及其译文

23.1 民不畏死

【原文】

民不畏死,奈何以死惧之?
若使民常畏死,而为奇者吾得执而杀之。
孰敢?
常有司杀者杀。
夫代司杀者杀,是谓代大匠斫。
夫代大匠斫者,希有不伤其手矣。

(七十四章)

【译文】

百姓不怕死,以死来威胁他们又有何用?
要使百姓常感怕死,把滋事者抓起来统统杀掉就行。
问题是谁敢这么做?

夺人性命通常是司杀之神的事。

代替司杀之神来杀人，就像代替手艺高超的木匠砍削木头。

那些替手艺高超的木匠砍削木头的人，很少有不伤到自己手的。

23.2　方而不割
【原文】
其政闷闷，其民淳淳；
其政察察，其民缺缺。
是以圣人方而不割，廉而不刿，直而不肆，光而不耀。
（五十八章）

【译文】
施政克制沉闷，百姓淳厚朴实；
施政严苛明察，百姓百般缺失。
所以有道者方正而不伤人，有棱角而不刺人，直率而不放肆，发光而不晃眼。

23.3　无德司彻
【原文】
和大怨，必有馀怨。
安可以为善？
是以圣人执左契，而不责于人。
有德司契，无德司彻。
天道无亲，常与善人。
（七十九章）

【译文】
调和大的怨恨，必然留有余怨。
怎样做才好？
有道者留下契约，而不会去苛责当事人。
有成果按契约履行，无收获按辙痕择定。
创造机遇不讲亲情，但它更青睐有耐心的人。

23.4 见素抱朴

【原文】

绝圣弃智,民利百倍;

绝仁弃义,民复孝慈;

绝巧弃利,盗贼无有。

此三者以为文不足,故令有所属:

见素抱朴;

少私寡欲;

绝学无忧。

(十九章)

【译文】

杜绝绝对权威,抛弃对策算计,百姓获利百倍;

放弃仁义说教,百姓恢复孝慈;

抵制弄巧牟利,盗贼随之消失。

这三个方面光这样说还不够,所以再加以补充强调:

朴素无华;

少私寡欲;

不模仿无忧烦。

·第二十四讲·
组织结构

《道德经》中涉及组织结构的内容有两处,但至今仍处于争议不断的状态。

第一处内容是关于"民之饥,以其上食税之多,是以饥"的论断。第二处争议在于整段都在赞美的"小邦(国)寡民"主张。下面逐一加以讨论。

"民之饥,以其上食税之多,是以饥"是通行本中的表述。马王堆出土的帛书甲乙本中分别为"人之饥也,以其取食涚之多也,是以饥"和"人之饥也,以其取食跂之多也,是以饥"。有学者研究,涚和跂读"隧",作"途经"解。到底是"以其上食税之多"还是"以其取食涚(跂)之多"?

下面先从句子的各种可能意思去推理比较。"以其上食税之多"显然是指百姓饥饿是因为靠税收吃饭的阶层过大过重,其词义非常清楚,也与自古至今薄赋的民心所向相吻合。"以其取食涚(跂)之多"直译可为百姓所以饥饿是因为其取得食物的途径多。可以获得食物的来源多反而造成饥饿于理不通。所以又有涚的字义还有形容走路痛苦状的解释。不过,"百姓饥饿是因为取得食物的途径上遇到很多困难,所以会饥饿"的后续没有指出有哪些困难,由此成为残句。故这个解释也不太可信。所以比较起来,"以其上食税之多"更具有解释力。

接下来再从原来整章的整体意思上去把握。这要分两步走。

民之饥,以其上食税之多,是以饥。民之难治,以其上之有为,是以难治。民之轻死,以其上求生之厚,是以轻死。夫唯无以生为者,是贤于贵生。(七十五章)

第一步是前三句关系的对比。

通行本七十五章中有关"民之饥""民之难治"和"民之轻死"构成逻辑一致的排比句。同"民之饥,以其上食税之多,是以饥"一样,其他两句也是以民众与其上位者或施政者之间的相互关系来解释难治和轻死的原因。

"民之难治,以其上之有为,是以难治"这一句,根据前面对"无为"的解释,"有为"就是在道的生命周期后期为维持既有的道所做的努力,实质上是守成而不思进取。所以其含义就是,由于施政者对既得利益的维护以至缺乏新道来提供创造和发展的空间,民众在既得利益的分配上争得你死我活,结果又让施政者十分头痛。

"民之轻死,以其上求生之厚,是以轻死"中,"轻死"是不惜生命或不怕死的生活态度,"求生之厚"与第十四讲遇到过的"生生之厚"意思相同,都是指对生活资料的索取过于丰厚。合起来看,这一句可以理解为,民众不怕死的原因是施政者搜刮民财以无节制地享受奢华生活。试想,这种情况下底层民众连三餐都不得温饱,既然生不如死,那他们还会怕死吗?

这样看来,构成通行本的上述排比句中的每个句子都是通过"民"与"其上"之间的关系状况,来解释特定社会现象的成因。

而帛书四十章相对应的也有三句。在"人之饥也,以其取食说(脱)之多,是以饥"之后,分别是"百生之不治也,以其上之有为也,是以不治"和"民之轻死也,以其求生之厚也,是以轻死"。"百生"通解为百姓,"不治"与"难治"相近,所以这个第二句与通行本中对应句意思是一致的。但第三句就与第一句一样不见了"上",所以其含义就变成了民众之所以不怕死,是因为他们自己对生活的要求过高。这可以理解为理想与现实差距过大,造成民众的受挫感太强以至对生活没有了眷恋,或者为了追求一夜暴富铤而走险。所以此三句既不成排比句,也让归咎于下层百姓自身的头尾两句与批评施政者的中间一句夹在一起构成了明显的不协调。

第二十四讲·组织结构

第二步是把前三句与最后一句相联系。最后一句是"夫唯无以生为者,是贤于贵生"。其中"无以生为"是指不再为生计而劳作,"贵生"是指珍惜生命、热爱生活,"贤于"是胜于或优于的意思。显然,"贵生"是相对"轻死"而言的,是对民众不怕死态度的一种劝导。一般来说,如果大家都珍惜生命、热爱生活就是很理想的社会了。但老子这里却认为如果能做到"无以生为"会更好。

为什么"无以生为"更好?

如果我们把大背景放到永续创造型组织的建设中,那么不难理解,"无以生为"与本书第十九讲讨论过的"圣人之治"要"实其腹"的目的一样,都是要求提供让创造者无衣食之忧为实现自己人生价值而创造和劳作的物质基础。这样看来,"无以生为"对于永续创造型组织来说,其重要性显然要超过珍惜生命、热爱生活等"贵生"的口号。所以,永续创造型组织要超越"贵生"的精神层次,成为在物质上也能提供创造活动热土的"唯无以生为者"。

怎样才能成为"唯无以生为者"呢?放到不同版本中结果存在实质差别。从通行本的排比句中,可以找到的路径是:一是针对"其上食税之多",施政者采取减轻税负政策;二是施政者变"有为"为"无为",从压制百姓维护既有分配格局变为主动舍弃既有利益;三是施政者废除"求生之厚"的恶习,带头过简朴的生活。这样,既在资源供给方面能够把上层社会节省出来的生活用品用以接济更多的穷人,又可以在资源获取方面激励人们更多地创造财富,最终让整个社会丰衣足食。

而按照帛书对应段落内容的线索,实现"无以生为"就要减少百姓获取食粮的途径,施政者变"有为"为"无为",以及民众需降低对高标准生活的追求。其中,中间一句与通行本一样;第三句对"无以生为"的实现并无帮助。虽然降低民众对生活水平的期望值可能让他们不感到失落或者不敢再铤而走险,但不"轻死"之后可能只想过平淡无奇的生活而不热衷于开拓进取;而第一句则与"无以生为"存在潜在矛盾,因为减少百姓获取食粮的途径只会增加他们的后顾之忧。

比较下来,通行本的这段内容与前面各讲所形成的逻辑相吻合,而且其排比句的内部逻辑也很严密,与最后一句的呼应也非常贴切:吃皇粮的人过多,百姓在饥饿难挨的情况下就会抗捐抢粮;为了维持既有的分配格局不受侵犯,统治者伤透脑筋;治理中遇到的最大问题是百姓为了一口饭可以不要命,而问题的根子又回到了统治者的穷奢极侈和狂敛民财上。所以,唯有让所有人都不再为生计而劳作,即统治者带头过俭朴的生活,百姓能不为三餐温饱犯愁,才会有足够多的人专心创造发展。能做到如此,势必好过劝人去珍惜生命。

所以,在通行本七十五章这段内容中,老子实际上为设计永续创造型组织的结构提出了一条基本原则,即它的利益分配应能避免普通百姓衣食无着,应能保障人们为实现自己的人生价值而创造和工作。按照这条原则,现实中常见的金字塔状组织结构就不符合。这是因为在这样的结构下,底层民众食不果腹,上位者则靠强征暴敛维持着荣华富贵。这条原则对组织结构的具体选择还起着指导作用。

接下来看"小邦寡民"这一段,情况与上一节围绕原文字义的争议不同。

对于那些时刻向往不断扩大其统治疆域的国家或企业组织的领导者来说,"小邦寡民"的主张往往最不受欢迎。不过,其确切含义和现实意义还需要按照历变不衰和永续创造的主线来加以澄清才能下结论。

马王堆出土的帛书中,甲本中涉及"小国"和"邻国"的地方"国"都为"邦",乙本则与通行本一样皆为"国"。据分析,乙本改作"国"的原因是避汉高祖刘邦之讳,所以几乎把全书各处出现"邦"的地方都改成了"国"。也就是说,《道德经》成文时本用的是"邦"而不是"国"。因为不涉及实质分歧,本书前面各讲仍沿用通行本而没有做特别区分和讨论。而在本讲接下来的部分,则有必要区分一下。

实际上,古语中的"国"和现在的"国"不是同一个概念。

小邦(国)寡民,使有什伯之器而不用;使民重死而不远徙;使民复结绳而用之。虽有舟舆,无所乘之;虽有甲兵,无所陈之。甘其食,美其服,安其居,乐其俗。邻邦(国)相望,鸡犬之声相闻,民至老死,不相往来。(八十章)

那时,"国"和"邦"同义,都是指受天子分封的诸侯国。从《道德经》五十四章中提到的自身、家、乡、邦和天下等德惠及的范围中,可以看到邦是比天下低一层次的组织。历史上,周朝时的秦国与其灭六国后建立的大秦帝国不同,那时的秦国只是周天子封的一个诸侯国。也就是说,秦始皇把国的等级提高到了天下或王朝一级,而在大秦帝国的内部则实行郡县制而不再有国存在。

因此,现代意义上中文中的"国"被赋予了具有独立主权的共同体,在管辖层次上相当于夏商周那样的王朝。而在另一方面,"邦"的现代语义还停留在原地,仍用以指国家或王朝内部低一层次的政权机构。如在联邦制国家一词中,邦用来代表组成统一国家的各个成员国。

所以,结合《道德经》成书的时代背景以及"国"与"邦"的现代语义,"小邦寡民"在今天会比"小国寡民"更有助于准确理解其原意。

于是,澄清"小邦(国)寡民"的关键,在于不能把"邦"或"国"理解成由秦始皇开端的郡县制帝国或者我们现在身处的现代国家。因为,老子在这段话中言及的对象正是分封制下的诸侯国。周代分封的诸侯国根据分封制和宗法制的原则,对周王朝须尽贡赋、拱卫和助祭等职责,同时对内部事务行使独立的决策权。这样,根据决策权的内部分散化特征,"小邦寡民"的主张也适用于现代组织的内部,包括那些单一制国家获得分权自治地位的地方、那些联邦制国家的成员单位以及实行分权制的大型企业组织下辖的分支结构。

换个角度看,"小邦寡民"实质上是一个有关组织结构的命题,关注的是组织决策权力重心所在层次而非整个组织的规模问题。事实上,在组织管理中,制度设计者必须回答的一个基本问题正是主要由哪个管理层次来行使日常决策权力。

简单的集权或分权选择,往往陷于一抓就死、一放就乱的振荡乱局。为此,人类社会有史以来就未曾停止过探索。例如,单一制国家从中央集权向与地方适度分权的体制演变;联邦制则在州或共和国向中央让渡部分权力的基础上获得快速发展。企业组织也从集权的直线职能制结构向分权的事业部制结构，再向集权和分权相结合的矩阵式结构演变，经历了先是分别强调专业化效率和基层组织活力再过渡到同时兼顾两个目标的过程。

除了这些比较一般的模式以外，一些巨型的企业组织为了能够对环境变化做出快速响应，还发展出来一种跨部门按任务集结的团队式结构。所形成的团队在执行任务期间拥有充分的授权，任务完成后自动解散。适应团队式结构的需要，整个公司也开启了淡化围绕总部开展经营管理的去中心化变革。

团队式结构体现了组织结构为鼓励适应环境而开展创新所做出的调整趋向。美国3M公司长期以来就是运用这样的组织结构，成功孕育了源源不断的创新产品和业务。为了彻底打破原有组织及思维定式对新业务的束缚，3M公司在组织结构上采取不断分化出新分部的分散经营形式，而不沿用一般的矩阵型组织结构。当一种创意被正式采用后，由提出创意者负责组建事业开发小组，选择参加小组的成员。这种从原有部门彻底独立出来的新组织，有自己独有的员工管理及激励方式，能够在最大程度上拥有独立性与自由度，免受企业一贯的运作模式的干扰，从而保持最旺盛的创造力。在管理层级上，新分部是与原有部门平级的，由最高层管理者直接负责并受到其保护。这样的研究分部或者事业开发小组在3M公司被称为"迷你公司"。这些层出不穷的迷你公司就像一个个保护新业务发展的温室，为新业务提供了适宜的成长环境。

结合现代管理的上述发展线索来看，"小邦寡民"事实上是一种分权式组织结构设计原则。它主张主权共同体下面的具体决策单位所管辖的疆域范围要小些，具体决策单位所拥有组织成员的人数要少些。这样，其母体组织内平行的构成单位数量众多，决策权力分布呈重心下沉和扁平化形态。在永续创造型组织的结构选择上，它符合"我无为而民自化；我好静而民自正；我无事而民自富；我无欲而民自朴"中所包含的集权抑制创造活力、分权赋予创造活力的基本信念,也是适应下一讲将谈到的道不断更替而功遂身退的组织变革要求。

"小邦寡民"到底可以带来什么好处?

老子提出了三条好处。

● 其一,可避免战争。

由于认同"小邦寡民"有利永续创造的信念,一个拥有决策权力的组织构成单位会形成对向外扩张欲望的抑制,因此可以"使有什伯之器而不用"即具有致命反击威慑能力但不会发动战争。各个诸侯国或同级组织单位之间都能如此,彼此之间就会形成对自己的扩张欲望有信念约束和对邻邦的扩张行为有威慑遏制的均衡格局,从而避免战争或者组织内部的重大利益冲突。

● 其二,可安定生活。

没有了战争和重大利益冲突的干扰和威胁,"使民重死而不远徙"。于是,民众开始变得珍惜生命、热爱生活,不再为躲避灾祸而奔走他乡、流离失所。

● 其三,可持续累积。

结绳记事是文字产生之前古人帮助记忆的一种方法,通常发生在预期日后生产生活需要借助以往经历和经验知识的情况下。如果流离失所无家可归,人们不知道明天要往哪里去,只会选择过一天算一天的生活方式。这时,结绳记事就变得多余。"使民复结绳而用之"意味着从追求大邦众民转而认同小邦寡民,大家都不求扩展管辖范围的扩张,能使生活安定下来的人们着眼于自主做出长远安排的需要,重新开始结绳记事以累积经验知识和规划未来。

接下来,老子对上述三点好处作了强调。"虽有舟舆,无所乘之"、"虽有甲兵,无所陈之"是"有什伯之器而不用"的具体描述;"甘其食,美其服,安其居,乐其俗"则是"民重死而不远徙"安居乐业生活美景的刻画;"邻邦相望,鸡犬之声相闻,民至老死,不相往来"按逻辑则应是"民复结绳而用之"的生动写照。但这与千百年来人们对"鸡犬之声相闻,老死不相往来"所形成的形容彼此不了解、不互通音讯的理解存在本质上的差别。对于这最后一句,要从以下四个方面来把握。

- 其一,"不相往来"要看具体内容和形式。

"往来"可以有互通音讯、出访做客、交换产品等和平互利的内容和形式,也可以有争夺彼此地盘、凭借武力要求纳贡、发动战争消灭对方等暴力自私的内容和形式。而在用词上,对和平互利的交往内容和形式与暴力自利的交往内容和形式的强调重点是不同的。如果开展相互往来,那么异邦民众之间展开和平互利的交往是必不可少的基本内容和形式,而如有暴力自利的内容和形式发生则需要另外说明如爆发战争等原因。但是"不相往来"作为一个否定用法,那就是强调为了避免对待异邦民众使用暴力自利的往来内容和形式,连和平互利的交往都尽量回避。所以,"不相往来"是指即使是和平互利的往来也不开展。

- 其二,"民至老死"传递着持续累积的意涵。

以现代生活中同一个楼宇中对门住着的两家为例。一种关系状态是平日里大家各忙各的事,见面打声招呼而已。另一种关系状态是两家交往密切,平日里互相照顾。虽然前一种关系状态显得冷漠或缺乏温情而不太受欢迎,但论关系的维系显然后一种关系状态较前一种要难得多。因为生活中即使自家人都会经常磕磕碰碰,所以遇到利益之争时,邻里间也难免发生摩擦冲突以至断交成仇。这样看来,正是"不相往来"的邻里关系往往才具有"民至老死"都不会变的可持续性。由此可以看到与"民复结绳而用之"中,自主决策免予纵向和横向的干预或干扰而得以持续的类似内涵。

第二十四讲·组织结构

- 其三，和平互利的往来不应以是否"相望"的"邻邦"而定。

　　还是延续上面两家邻里的例子。按照第一种关系状态，这两家人虽然彼此之间没有什么来往，但他们与此同时却各自都根据自己的工作和生活的需要与外界的其他人频繁地进行着和平互利的交往。所以，邻邦民众之间没有密切的往来并不意味着闭关锁国、自我封闭。所以，淡化直接相邻的民众间往来，开放地选择与非直接相邻的人群开展和平互利往来反而有利于邻邦之间正常关系的长期稳定，是《道德经》这段话的真正意思。

- 其四，"鸡犬之声相闻，民至老死，不相往来"是"小邦寡民"体制的必然产物。

　　假设一个主权国家实行计划经济式的集权体制，每个家庭的日常生活都由官僚体系加以安排。此时邻里之间由于经济活动都被限定在一个固定的小范围内进行，就会形成往来十分密切但摩擦也频繁的格局。相反，如果根据"小邦寡民"原则把决策权下放到每一个家庭，那么各个家庭就会根据实际工作和生活的需要开放地选择互利的交往对象以谋求自己的福利，邻里间"老死不相往来"则会屡见不鲜。

附：本讲对应的《道德经》原文及其译文

24.1　无以生为

【原文】

民之饥，以其上食税之多，是以饥。
民之难治，以其上之有为，是以难治。
民之轻死，以其上求生之厚，是以轻死。
夫唯无以生为者，是贤于贵生。

（七十五章）

【译文】

百姓闹饥荒，是因为靠税收生活阶层人数过多，所以闹饥荒。

百姓难治理，是因为统治阶层固守既得利益，所以难治理。

百姓之轻生，是因为统治阶层霸占了他们的生存资源享尽了荣华富贵，所以轻生。

创造条件使其不为自己谋生而劳作，胜过有道者珍惜生命的劝导。

24.2　小邦寡民

【原文】

小邦（国）寡民，

使有什伯之器而不用；

使民重死而不远徙；

使民复结绳而用之。

虽有舟舆，无所乘之；

虽有甲兵，无所陈之。

甘其食，美其服，安其居，乐其俗。

邻邦（国）相望，鸡犬之声相闻，民至老死，不相往来。

（八十章）

【译文】

单位要小些，人数要少些，

使拥有重型武器而不用；

使百姓爱惜生命而不外迁；

使百姓重新开始结绳记事。

备有舟车，但没必要乘用；

拥有铠甲和戈矛，但没有必要列队布阵。

香甜地吃饭，美丽地穿衣，安详地居住，欢乐地举行各种民俗活动。

邻邦之间彼此可以看到，鸡犬的声音也可以听到，百姓直到去世，都没有纠葛和冲突。

第二十五讲 组织变革

国家和企业等组织是众多利益相关者构成的集合体。为了达成一定的使命和目标，组织内部会通过一定时间的摩擦和学习，形成一定的规章制度、层级结构、文化氛围等，并相应地形成比较稳定和可以预期的责权利格局。这种格局通常都有路径依赖的特点。

所谓路径依赖，就是一旦选择就会在随后不断加以重复强化，形成不会轻易改变的惯性。生活中，走熟的路和习惯的做事风格一般都不愿意轻易改变。因为这样可以节省时间和成本。

在道的生命周期初期，路径依赖所产生的这种惯性有助于组织实现规模经济、学习和协调等有利达成使命的效应。但到了道的生命周期后期，路径依赖的惯性作用就会转化成阻碍或者对抗变革的组织惰性。如果不能克服组织惰性，历变不衰的终极目标就不可能实现。

老子有关克服组织惰性以实现组织变革的论述包括了组织变革的必要性、有无惰性的标志、克服惰性的策略等。

金玉满堂，莫之能守；富贵而骄，自遗其咎。功遂身退，天之道也。（九章）

"功遂身退，天之道也。"作为客观规律，"功遂身退"要求一个人在取得一项事业的成功之后，应随之抽身退出而不能深陷其中不能自拔。对于一个追求历变不衰的组织来说，则应随着事业的成功实行变革以适应未来新道的需要。如果能够按照"持而盈之，不如其已；揣而锐之，不可长保"的边际分析方法来思考,"功遂"意味着已经到了从原道切换到新道的转折点,就会感受到组织随着道的转换而进行变革的必要性和迫切性。

然而,成功之后不愿意主动放弃享受成功带来的荣华富贵是人之常情。因此,现实中打算守成的领导者也确有其无奈。为此,老子说"将欲取天下而为之,吾见其不得已"。所以,组织变革是否符合理性就成为一个问题。

对此,老子分析说"金玉满堂,莫之能守;富贵而骄,自遗其咎",又说"天下神器,不可为也,不可执也。为者败之,执者失之"。

"天下神器"是九鼎之类的重器,象征国家政权。"执"的意思前面第十四讲已经谈过,解释为坚持或固守。考虑了这些因素之后,就形成了倾向变革的理性权衡:看起来眼前十分丰硕的财富,但坐吃会山空;由享受成功而产生娇贵之气就会不愿再去奋斗甚至会拖累他人;到了该舍弃的时候却围绕守成而进行组织治理,最终会导致组织的溃败解体。

由此可见,老子给出组织变革的理性依据是道的生生不息不断更替。"夫物或行或随;或嘘或吹;或强或羸;或载或隳"这一段又补充强调说,领先或尾随、冷或热、强大或小、完整或损毁都只是暂时的状态,因为事物始终在变化之中。在这样的变化条件下,要谋求历变不衰的发展目标,就需要自觉地进行组织变革。

"是以圣人去甚,去奢,去泰"概括出了对实现组织变革的三点要求:一是不能求满,二是不求奢华,三是不能图安稳。其中"泰"就是惰性的具体表现。

如果把情景切入快速变化的现实世界,一个特定组织几乎始终处在永无完结的变革压力之中,它能否克服惰性实现持续的变革?

在老子的思想体系里,通过把道的更替速度加快或者说让冬天常态化的方法,已经考虑到了这个问题并提出了组织实现持续变革的条件。下述这些条件同时也构成检测组织持

> 将欲取天下而为之,吾见其不得已。天下神器,不可为也,不可执也。为者败之,执者失之。夫物或行或随;或嘘或吹;或强或羸;或载或隳。是以圣人去甚,去奢,去泰。(二十九章)

第二十五讲・组织变革

续变革能力的标准。

- **其一,理念与行动保持聚和。**

老子问道,"载营魄抱一,能无离乎?"

其中"抱一"前面第八讲已经解释为在对立统一中追求聚和效应,而"营"代表营寨、营账等实体单位所在,"魄"即灵魂。"载营魄抱一"的意思就是"负载着实体与精神去聚和"。问题是,聚和能否一直保持而不分离或不解体?具体来说,一个拥有众多成员的组织,其主张的理念再好,但如果不能保持成员实际行动与组织远大理想的聚和,那么组织就不能自觉变革,最终也会走向分崩离析。因此,评判组织的持续变革能力,一定要看其是否达成了共识,是否具备组织理念与实际行动的和谐一致。

- **其二,设置缓冲以保护构造柔性。**

婴儿的身体由于出生时骨骼没有完全钙化,骨骼外面包围着一圈软骨,所以比成人要有柔性。老子通过类比问道,"专气致柔,能如婴儿乎?"意思是,组织如果能够获得像婴儿那样能屈能伸的柔性身段,就可以适应环境变化做到自如变革。他认为能带来柔性的是"专气"。"专"通"抟",后者的意思是盘绕或揉成球状。这就是要求运用类似气体那样的团团围着的保护层来达致柔性使组织变革获得缓冲,在剧烈的转型中免于受伤,同时也能减弱组织成员的惧怕心理。

- **其三,清除成见不留残余。**

"涤除玄览,能无疵乎?"的确,组织变革的阻力很大程度上来自刻在人们思想深处的固有观念、见解和判断。如果不能全面地加以清理涤除,那么就会自觉或不自觉地阻碍组织变革进程。所以,能否不留瑕疵地清除脑海深处的成见应当作为判断组织变革能力的一个重要标准。

载营魄抱一,能无离乎?专气致柔,能如婴儿乎?涤除玄览,能无疵乎?爱国治民,能无为乎?天门开阖,能为雌乎?明白四达,能无知乎?(十章)

- 其四,领导阶层带头舍弃。

　　"爱国治民,能无为乎?"这是针对领导阶层特别是最高领导者提出的要求。领导者口口声声说爱国,言必称为民谋福祉,那么检验其是否真心的标准就是看他能否带头做到舍弃既有利益引导创造创新。如果领导者实际付诸的行动是强化树立权威和维护既得利益而不是开拓进取,那么这个组织的持续变革能力一定是低下的。

- 其五,平和心态应对变化。

　　常年处于剧烈的变革之中将是对人们心理承受能力的极大考验。"天门开阖,能为雌乎?"其中"天门开阖"形容大自然在道的更替中不断变化时而有利时而不利,而人对待变化的心态应去雄取雌从而做到柔之胜刚。这是因为雌性相对雄性有柔弱、顺从、沉着和忍耐的一面。雄性富有力量,但情绪起伏较大,更容易冲动急躁。虽然变革需要激情,但如果让过于亢奋激进的心态完全主导持续的变革,就会因心理上的受挫感而夭折。所以能否在大起大伏的变局中保持比较平和的心态,也是检验组织持续变革能力的一个方面,而且是极其重要的一个方面。

- 其六,对新事物回归愚钝。

　　不论是一个企业还是一个国家,都拥有一批聪明绝顶、智慧超群的成功人士,但是组织持续变革提出的挑战却直指他们。"明白四达,能无知乎?"前面说过,"无知"就是在新事物面前把以往获得的知识和经验放到一边以及把获得的荣誉和成就感归零。只有重归愚钝和无知,始终愿意以小孩子的心态去不断探寻新的问题和答案,组织才会不断获得变革成功的机会。

　　有了这些衡量组织持续变革能力的标准之后,还需要考虑成功实现组织持续变革的策略。

老子提供的组织变革策略是"无事"。

老子指出,"以正治国,以奇用兵,以无事取天下";"取天下常以无事。及其有事,不足以取天下"。其间用来治国的"正"前面讨论过就是清静带来的正道,而清静又是相对"以智治国"带来的上有政策下有对策结局而言的,因为一急功近利自然就会较真算计。"以奇用兵"的意义容易理解无须赘述。相对而言,"以无事取天下"或"取天下常以无事"字面上看起来简单但理解其真实意思却十分困难。

"无事"可以有五种解释:一是无所事事,是一个闲人或者懒人的做派;二是放下手头的事,放松自己,暂时性的"无所事事";三是不再继续做以往一直在做或以往一直那样做的事;四是尝试做前所未有或者说还没影的事;五是去除与既有事物和利益的关系,没有利益牵扯,没有人情包袱地去推动新生事物。最后这种解释的根据在于"事"不仅指事情、职业、变故,还有关系和责任的含义。比如"这儿没你什么事",就是说说话的对象与这里的一切没有关系。

除了第一种解释之外,《道德经》里的"无事"包含了后面全部四种意思。但因为第三和第四种解释近似于"无为",所以对"无事"含义的理解主要由第二种和第五种而丰富起来。比如,前面第十八讲讨论创造性思考时提到过的"事无事",就同时有找出空闲加以放松、停止做原来的事情而尝试创新以及去除与既有事物的瓜葛的含义,但其中重点是放松以进入创造性思考状态。作为组织变革策略的"无事"也类似,但必须扩展到最后一个解释即与既得利益无涉上面才算完整。

这样,"以无事取天下"或"取天下常以无事。及其有事,不足以取天下"就强调了以下两点核心思想。

- 其一,从前人没有做过的事入手或者引入前人没有用过的新方法才能"有余以奉天下"。

比如说,如果把天下界定为某个企业为之提供产品的市场,那么要靠提供与众不同的新产品或者以前所未有的服务

以正治国,以奇用兵,以无事取天下。吾何以知其然哉?以此:天下多忌讳,而民弥贫;人多利器,国家滋昏;人多伎巧,奇物滋起;法令滋彰,盗贼多有。故圣人云:"我无为而民自化;我好静而民自正;我无事而民自富;我无欲而民自朴。"（五十七章）

取天下常以无事。及其有事,不足以取天下。（四十八章）

方式才能赢得消费者青睐而取得市场。如果采取"有事"即重复大家都在做的事或者模仿人家做事的方法,当然缺乏新意而不会受市场欢迎。"无"在这里是"尚无"或"还没有"的意思,适用于"无事"的第四种解释。放在国家政治层面也是一样。如果一个国家到了成熟阶段其领导人不能带领民众去开辟新的发展道路,那么就会失去民心和政权,是故"以无事取天下"。

- **其二,与既有事物没有深层的利益瓜葛才能赢得新的未来。**

试想,如果一个在现有市场上比较成功的知名企业,受取得更大市场份额或者更有影响力品牌的诱惑,投巨资扩大产能或兼并收购甚至展开跨国并购。假如此时其产品生命周期因为颠覆性的技术替代而提前结束,那么就会背上沉重的产能和品牌包袱,从而陷入要么产品过时被市场淘汰、要么自己的新产品与老产品互相打架的困境。事实上,这种现象近年来在手机和家电等行业屡见不鲜。

概括起来,对既有技术的产能投资越大,转型就越困难。变革中,能超脱既有利益者得天下,超脱既有条件者取得市场主导权。"取天下常以无事"这个论断也可以从新崛起的主导企业往往都是从原来不受重视或被认为不可能的非主流领域中成长起来的现象中得到反证。

由于"无事"的第三种和第四种解释已经包含了变革的行动内涵,所以它的变革策略意义重心在于第五种解释即去除与既有利益的瓜葛。所以,同时从变革的取向和受到的牵制两方面去理解会有助于获得对"无事"的整体性认识。

老子意识到对此可能产生的疑问,于是设问道,"吾何以知其然哉?"然后从两个方面做了回答。

他先是从一系列现象中归纳"无事"以采取变革行动的必要性:"天下多忌讳,而民弥贫;人多利器,国家滋昏;人多伎巧,奇物滋起;法令滋彰,盗贼多有。"

忌讳致贫是因为，百姓不敢自主发明创造新的产品和推广新的生产方式以免触犯权贵和既得利益者，当然会越来越穷；百姓越穷就会相互争夺以糊口生存，于是就需要借助利器以夺财或自卫，此时国家既不能提供发展机会又无法有效保护人民，面对拥有利器的乱民只能无可奈何地更加昏庸；百姓越穷越要彼此算计以争利，于是各种奇招秘诀都使出来；国家为了控制局面颁布越来越多的法令，但盗抢偷窃等违法活动会更多，多数是为了生计而违法。

上述这一连串乱象的逻辑源头都来自没有按照道的更替规律及时采取变革行动以至抑制了新道的开拓，由此可见"无事"的重要。

然后老子又论述了"无事"作为变革策略的必要性："故圣人云：'我无为而民自化；我好静而民自正；我无事而民自富；我无欲而民自朴。'"这里把"无为"与"自化"、"好静"与"自正"、"无事"与"自富"、"无欲"与"自朴"构成了四对组织变革策略及其预期结果的对应关系。

"自化"在前面第十五讲曾遇到过，按不需外力则可以自我演化来理解。区别是那里是万物的"自化"，而这里是限于百姓的"自化"。这样，"无为"到"自化"的逻辑可以这样理解：组织的领导者带头弃旧图新，百姓看到方向和希望所在，也自然会选择跟上。

领导者"好静"导致百姓"自正"，是因为平和的心态可以抑制浮躁和冒进，从而避免向百姓压任务、定成果、要业绩等好大喜功、头脑发热的政策出台。这样，百姓只需选择走正道的"自正"方向和方式去创造财富，而不必花心思想出各种歪门邪道的伎巧奇物来与施政者周旋博弈。

"无事"促成"自富"是老子组织持续变革策略的核心主张。组织施政者采取"无事"策略可以没有包袱地大力推动变革促进开拓创新，形成组织内部弃旧图新、开拓进取的文化氛围，有助于鼓舞民众发挥出首创精神和创造财富的积极性。

"无欲"达致"自朴"的结果容易理解。领导者能够"无欲",坚持简朴生活,不事铺张,不贵难得之货,那么百姓自然不兴攀比之风。

附:本讲对应的《道德经》原文及其译文

25.1 功遂身退

【原文】

金玉满堂,莫之能守;

富贵而骄,自遗其咎。

功遂身退,天之道也。

(九章)

【译文】

满堂金子和宝玉,没有谁能守得住;

富贵带来骄奢,自身会遗留下其罪过。

功成名就身退,合情合理合规。

25.2 去甚去奢去泰

【原文】

将欲取天下而为之,吾见其不得已。

天下神器,不可为也,不可执也。

为者败之,执者失之。

夫物或行或随;

或嘘或吹;

或强或羸;

或载或隳。

是以圣人去甚,去奢,去泰。

(二十九章)

【译文】

想要取天下而维持者,我知道他的无奈。

但国家政权,不可以维持,也不可以固守。

维持者会失败,固守者会失去。

事物或先或后;

或热或冷；

或强或弱；

或完整或损毁。

所以,有道者应避免做绝、避免奢华、避免惰性。

25.3　明白四达能无知乎

【原文】

载营魄抱一,能无离乎?

专气致柔,能如婴儿乎?

涤除玄览,能无疵乎?

爱国治民,能无为乎?

天门开阖,能为雌乎?

明白四达,能无知乎?

(十章)

【译文】

聚和肉体与精神,能做到不分离吗?

聚集精气达致柔软,能像婴儿那样吗?

涤除幽深的看法,能不留下瑕疵吗?

爱国治民,能自我否定吗?

天门张开又闭合,能柔静如一吗?

明白洞察,能回到愚钝吗?

25.4　以无事取天下

【原文】

以正治国,以奇用兵,以无事取天下。

吾何以知其然哉?

以此：

天下多忌讳,而民弥贫；

人多利器,国家滋昏；

人多伎巧,奇物滋起；

法令滋彰,盗贼多有。

故圣人云:"我无为而民自化；我好静而民自正；我无事而民自富；我无欲而民自朴。"

（五十七章）

【译文】

以正道治理国家,以奇招指挥打仗,以超脱取得天下。

我是如何知道这些道理的?

依据是:

国家实行越多禁忌,百姓越贫困;

人们掌握越多武器,国家越混乱;

人们算计越是机巧,怪事越容易发生;

法令越是森严,盗贼却越多。

所以有道者常说:"我舍弃,百姓自会转化;我清静,百姓自会走正道;我超脱,百姓自会富足;我不争,百姓自会淳朴。"

【原文】

取天下常以无事。

及其有事,不足以取天下。

（四十八章）

【译文】

超脱者常能得天下;

若深陷而不能自拔,就不能够取得天下。

第二十六讲·对外交往

作为一个永续创造型组织，不论是母体组织还是一个自主决策的分支机构，都存在着一个如何与外部平行组织共存的问题。

设想一个选择谋求历变不衰的古时诸侯国或者具有独立主权的现代国家。即使它坚持"小邦寡民"的不扩张理念，但周边的其他国家未必愿意看到一个持续强大的近邻存在。一般来说，人类社会或者商业世界中遍布的众多组织有大有小，其中既有选择永续创造方略者，也有选择传统竞争战略者。虽然在经济或商业领域前者可以做到"以其不争，故天下莫能与之争"，但在政治、军事等方面，还是要随时面对后者可能挑起的一些摩擦和冲突。所以，永续创造型组织在发展过程中不可避免地面临来自其他组织的角力竞争、冲突对抗甚至战争火并的威胁。

作为一个永续创造型组织，其发展取向决定了必须超越攻城略地只为扩大地盘或市场份额的竞争性外交、战争或商业策略，而对来自外部的竞争力量采取适当的化解对策以保证永续创造方略的实现。联系到《道德经》中还有若干段落涉及邦交、用兵等方面的论述，其贵柔守雌的主张与永续创造型组织的维系有何关系将在本讲和下一讲中加以理清。

要说明的是，由于不论母体组织还是自主决策的分支机构都面对着类似的问题，所以接下来的内容没有对"国"和"邦"的用法继续作严格区分。

本讲内容中,老子为永续创造型组织提出了两条处理潜在外部威胁的邦交策略。

- **其一,放低姿态。**

老子分别以河流的上下游和雌雄两性做比喻,说明规模较大或者位势较高的一方在对外交往中应当采取低姿态:"大国者下流,天下之交也,天下之牝。牝常以静胜牡,以静为下。"就是说,河流的上下游特点不同在于,上游一般因发源地海拔较高、河道较窄,所以水流湍急奔放;下游因为水面开阔,水流平静缓慢。上下游的这些特点分别与雄性豪放易冲动和雌性柔弱能忍让的特点相类似。在长时间的反复较量中,雌性因为更为沉着和耐心而胜过雄性。所以,"以静为下"把"静"与"下"等同起来,指出大国要像雌性胜雄性那样克服其他国家的挑战,就要像河流的下游一样有大的胸怀。因而,"大国者下流"是一个大国应放低姿态来与他国打交道的原则。

甘居"下流"的好处是,"故大国以下小国,则取小国"。即放低姿态与他邦交往可以帮助大国取得小国的信任。同一原则也适用于小国,即"小国以下大国,则取大国"。"故或下以取,或下而取"是说放低姿态在大国和小国两个不同方向来运用都是行得通的。

老子认为,很多情况下国家之间出现摩擦或对抗是情有可原的。一方面,"大国不过欲兼畜人"。其中"畜人"是指赡养民众。意思是,大国其实不过是想多养一些人;另一方面,"小国不过欲入事人"。其中"事人"是管人的意思。这是说小国不过是想加入管人的行列,多管一些事、多些话语权。

那么怎样解决比较好?答案是"夫两者各得所欲,大者宜为下"。也就是说,要让双方的愿望都得到满足,较大的一方应当放低姿态。比如说,遇到一个共同面对的事情,双方实行合作,由较大一方出钱养人,较小一方出力管事,就可以同时满足双方的愿望。

> 大国者下流,天下之交也,牝常以静胜牡。以静为下。故大国以下小国,则取小国;小国以下大国,则取大国。故或下以取,或下而取。大国不过欲兼畜人,小国不过欲入事人。夫两者各得所欲,大者宜为下。
> (六十一章)

第二十六讲·对外交往　239

为什么较大一方应当放低姿态呢？因为这样比较容易创造平等协商而不是以势压人的氛围。

- **其二，欲擒故纵。**

遇到一些无论如何一定要拼个你死我活的外敌，除了保持冷静低调外，还有采取伺机而动的对策。

"将欲歙之，必固张之；将欲弱之，必固强之；将欲废之，必固兴之；将欲取之，必固与之"，老子这段众所周知的名言生动体现了其辩证思维、理性思维和边际思维运用的精妙。扩张与收缩、强大与弱小、兴旺与颓废、给予与取得作为一对矛盾是随着时间和客观条件相互转化的。根据这样的客观规律，对于那些恃强凌弱的外敌，虽然最终是要战胜他们，但应理性地进行权变决策，切不必与他们来个硬碰硬。姑且纵容他们在扩张中发挥出来强势，得到他们想要的地位和甜头，然后在恰当的时机找出其中的破绽一击即中。

这里隐含地运用了边际思维。显然，如果对手只会在扩张、增强、兴旺和得意中越来越强大，那老子的建议就是为虎作伥甚至搬起石头砸自己的脚了。而辩证转化规律决定了转折点一定会出现。这个道理说起来容易懂，但是做起来又很难。因为要让外敌猜不透，又必须能够发现破绽。没有耐心细致周密的思考和部署是做不到的。所以，老子强调说"是谓微明"。这个"微明"就是边际分析的敏感体现和在转折点的行为调整决策。

支撑放低姿态和欲擒故纵这两条策略的基本道理是"柔弱胜刚强"。之所以弱能胜强，是因为"人之生也柔弱，其死也坚强。草木之生也柔脆，其死也枯槁"。所以，柔弱不要紧，是否有生命活力才重要。相比较那些坚强得已经发硬的对手，柔弱者更有生存下来的机会。"故坚强者死之徒，柔弱者生之徒。"

在这个意义上，"是以兵强则灭，木强则折。坚强处下，柔弱处上。"注意此句中"下"的用法与"大国者下流"和"大者宜

将欲歙之，必固张之；将欲弱之，必固强之；将欲废之，必固兴之；将欲取之，必固与之。是谓微明。柔弱胜刚强。鱼不可脱于渊，国之利器不可以示人。（三十六章）

人之生也柔弱，其死也坚强。草木之生也柔脆，其死也枯槁。故坚强者死之徒，柔弱者生之徒。是以兵强则灭，木强则折。强大处下，柔弱处上。（七十六章）

为下"中的"下"意思不同。在"坚强处下"中"下"是说强硬者将居于下风。对应地,"柔弱处上"是指柔弱者处于向上风转化的态势。因此,这是个需要掌握时机和分寸促进矛盾转化的边际思维应用过程。

虽然这两条策略符合辩证逻辑,但也难免会让人感到有些狡诈。不过,从理性思维出发,这也是永续创造型组织保护自己的方略不被打乱的不得已之举。而且,不论出于难言之隐还是为了保证策略奏效,这两条策略都不应当公之于众让路人皆知。正所谓"鱼不可脱于渊,国之利器不可以示人"。

附:本讲对应的《道德经》原文及其译文

26.1 大者宜为下

【原文】

大国者下流,天下之牝。
天下之交也,牝常以静胜牡。
以静为下。
故大国以下小国,则取小国;
小国以下大国,则取大国。
故或下以取,或下而取。
大国不过欲兼畜人,小国不过欲入事人。
夫两者各得所欲,大者宜为下。

(六十一章)

【译文】

大国要以居下游的姿态,甘做天下的雌性。
天下之交往,雌性常常以静胜过雄性。
以静比作低姿态。
所以大国以下游姿态对待小国,则取得小国的依附;
小国以下游姿态对待大国,则取得大国的尊重。
所以,或者放低姿态以取得高地位,或者因姿态低而取得高地位。

大国不过是想多养些人,小国不过是要加入到管人的行列。

双方要各得其所,大的一方宜采取低姿态。

26.2　欲歙固张
【原文】

将欲歙之,必固张之;

将欲弱之,必固强之;

将欲废之,必固兴之;

将欲取之,必固与之。

是谓微明。

柔弱胜刚强。

鱼不可脱于渊,国之利器不可以示人。

(三十六章)

【译文】

想要合上它,一定要先张开它;

想要削弱它,一定要先增强它;

想要废除它,一定要先兴旺它;

想要夺取它,一定要先给予它。

这就是精妙玄奥的道理。

柔弱胜过刚强。

鱼不可以离开水,国家的制胜法宝不可以告诉外人。

26.3　柔弱处上
【原文】

人之生也柔弱,其死也坚强。

草木之生也柔脆,其死也枯槁。

故坚强者死之徒,柔弱者生之徒。

是以兵强则灭,木强则折。

强大处下,柔弱处上。

(七十六章)

【译文】

人活着时身体是柔弱的,死了之后身体反而变得坚硬。

草木活着的时候是柔脆的,死了之后变得枯槁。
所以坚强者将归入死亡之列,柔弱者属于可生存一族。
因而兵强则灭,木强则折。
强大处于日落西下,柔弱趋于蒸蒸日上。

第二十七讲·应战外敌

在现实中,即使永续创造型组织在处理对外关系时采取了低调忍让的姿态,很可能还是不能避免对方咄咄逼人一决生死的挑衅缠斗。

遇到这样的情况该如何是好?

老子也为此提出了应对策略,其基本思想可以概括为"勇于不敢"。

"勇于不敢"是相对于"勇于敢"而言的。由于人们通常倾向于厌恶懦弱而赞赏勇敢,所以要做到"不敢"需要有更大的勇气。因此有必要强调"勇于不敢"。

为什么"勇于敢则杀,勇于不敢则活"?"此两者或利或害"具体体现在哪里?

一方面,"敢"在生活中是必要的。人做事情不能没有胆量。俗话说,狭路相逢勇者胜。但"勇于"且一味地"敢"最终会碰到更强悍善战的对手而必有一死。另一方面,一味地"不敢"则始终处于被动和遭受屈辱。然而,必要的"不敢"虽然会遭受屈辱但可以给自己留下活路。所以,"勇于敢"和"勇于不敢"各有利弊。

"天之所恶,孰知其故?"上述这些选项里,一味的"敢"带来高度凶险,一味的"不敢"带来深度耻辱,这些都不符合人的天性,因而不是人们愿意做出的理性选择。"是以圣人犹难之",那么怎样对这个连有道者都感到困惑的问题做出选

勇于敢则杀,勇于不敢则活。此两者或利或害。天之所恶,孰知其故?是以圣人犹难之。天之道:不争而善胜;不言而善应;不召而自来;繟然而善谋。天网恢恢,疏而不失。

(七十三章)

择呢?

看起来老子似乎没有直接给出上述问题的答案。但实际上答案就隐含在接下来的"天之道"里。也就是说,客观法则决定了能做到"不争而善胜;不言而善应;不召而自来;繟然而善谋"者是最好的选择。

进一步的观察可以发现,在一味的"敢"和一味的"不敢"两个极端之间还存在着一个中间地带,它由权宜的"勇于敢"和权宜的"勇于不敢"所组成。也就是根据实际情形,当事人可以随机地由"勇于敢"改为"勇于不敢"或者做相反的调整。

显然,这是一种博弈理论中所说的混合策略(一味的"勇于敢"和一味的"勇于不敢"都属于纯粹战略),当事人可以根据特定时机灵活使用两种不同的策略,这样会让敌手猜不透当事人将采用哪种策略而应对不及,故可达到对当事人最有利的结果。众所周知,在锤子剪刀布的游戏里,出每种手势的几率各占三分之一就是能造成让对方猜不透的最佳混合策略。

由于"勇于不敢"遇到的挑战性更强,需要加以突出,现在就把这种混合策略称为"勇于不敢"。

这样,结合老子描述"天之道"这段话可以领悟到,恰当的"勇于不敢"混合策略是合乎客观规律的,可以得到比一味的"敢"或一味的"不敢"更有利的结果。

具体来说,"不争而善胜"中"不争"需要先采取暂时的"不敢"策略,不与别国展开利益争夺而专注自己开创新道的进程,形成更高更强的领先优势。通过这样的努力要能够保持足够的反制威慑力量以形成孙子最推崇的"不战而屈人之兵"式的"善胜"。

"不言而善应"要求不图口舌之快,"勇于不敢"地面对来犯外敌而进行实实在在的应敌准备,能够随时抓住最佳时机加以"勇于敢"的反击。

"不召而自来"是善应的一种形式。反击时要出其不意攻其不备,化被动为主动而不是按照对手设定的格局出招。这也是从"不敢"到"敢"的边际转折点进行策略切换的艺术境界。

"繟然而善谋"则对"勇于不敢"策略运用进行了关键点的总结，即善于以"不敢"换取制定和实施谋略的时间，并在心理上坦然以对，从而最终取得胜利。这种坦然从容取决于制定和实施谋略的能力。

概括起来，"勇于不敢"混合策略的基本内容是：忍辱克制，后发制人，蓄势择机反击。在顺序上，一般先是"勇于不敢"，尔后是"勇于敢"，最后回到"勇于不敢"。但是在策略转换的时机上则遵循随机出奇的原则。这种策略符合客观事物演变规律，做到了其中的要点则合乎"天之道"。

考虑到可能有人会怀疑"勇于不敢"混合策略是否真的会起作用，老子的观点是"天网恢恢，疏而不失"，以此劝告那些持不信态度而铤而走险的好战者不要有侥幸心理。

从"勇于不敢"混合策略出发，《道德经》还提供了相应的用兵守则和伦理守则。

● 其一，基于"勇于不敢"的用兵之道。

有了忍辱克制、蓄势反击的总的策略指导，还需要在具体的用兵方面加以配合落实。《道德经》中的相关内容可以概括为"用人配天"和"为客退尺"。

"用人配天"是指要以谦下的态度对待将士以发挥他们的聪明才智来达成不争而善胜的目标。"善为士者不武；善战者不怒；善胜敌者不与；善用人者为之下"，即是要求把前面讨论过的"不争而善胜；不言而善应；不召而自来；繟然而善谋"落实到对将士的素质要求上。

"善为士者不武"要求优秀的将士不应好战，这符合"不争而善胜"；"善战者不怒"要求将士能克制自己，因而是"不言而善应"的体现；"善胜敌者不与"即不与强敌正面冲突则是"不召而自来"的另一种角度表达；"善用人者为之下"则对"繟然而善谋"的实践主体做出了要求。由于不论是制定和实施谋

善为士者，不武；善战者，不怒；善胜敌者，不与；善用人者，为之下。是谓不争之德；是谓用人之力；是谓配天；古之极。（六十八章）

略都需要相应层级将士的积极参与和准确执行,所以领导者的谦下态度能够让下级感受到尊重而构成强大的完成使命动力。

所以,通过"为之下"的用人态度把将士的潜能最大限度地调动发挥出来,就可以恰当地实现"善胜""善应""自来""善谋"的极致。这就是"是谓不争之德;是谓用人之力;是谓配天;古之极"的意思。

其中,"不争之德"将前面所说的德的内涵做了进一步的扩展,不仅包括了持续创造的能力和成果,而且还覆盖到了抵御外敌保卫创造成果的能力;"用人之力"则强调用人的力道或着力点所在,要真正能够调动人的积极性和发挥主观能动性;"配天"则进一步把这样的用人方式提升到契合"不争而善胜;不言而善应;不召而自来;繟然而善谋"等"天之道"的高度;达到了这样的高度,自然进入了"古之极"的目标境界。

"为客""退尺"是指在抗敌中要通过后发制人和战略性退却,形成将士重视强敌的心态和激起将士的悲愤之情。按照欲擒故纵和以柔克刚的对外交往思想和"勇于不敢"的应敌策略,用兵时可以相应采取"不敢为主而为客"即不主动进攻而后发制人,以及"不敢进寸而退尺"即进行战略性大退却的战法。

不过,这要力求做得天衣无缝,"是谓行无行,攘无臂,执无兵,乃无敌"。如果退却时不是不成队形或遁于无形,反而队伍还排得整整齐齐,大模大样地行走,佩带着齐全的武器,那就露出了行踪和破绽而达不到出其不意制胜的效果了。"为客""退尺"的策略在己方还有助于促成将士的不轻敌心态和悲愤心情。"祸莫大于轻敌,轻敌几丧吾宝。故抗兵相若,哀者胜矣"这段名言深刻地说明了轻敌的危险性和悲愤之情对反击制胜的必要性。

用兵有言:"吾不敢为主而为客,不敢进寸而退尺。"是谓行无行,攘无臂,执无兵,乃无敌。祸莫大于轻敌,轻敌几丧吾宝。故抗兵相若,哀者胜矣。(六十九章)

- 其二,基于"勇于不敢"的悲悯之心。

实施"为客""退尺"择机发动反击时,还面临着制敌于何种程度以及战胜之后对敌采取何姿态等问题。比如说是否要接受投降、是否要实施占领以及是否要灭其国等。

对于反击的力度问题,老子的意见是"有果而已"。他对那些为君王出谋划策的谋士说:"以道佐人主者,不以兵强天下。"逞强好战或者使用过于惨烈手段,其未来要付出的代价是"其事好还"。报复已经不是来自原来的对手而是大自然。正所谓"师之所处,荆棘生焉。大军之后,必有凶年",取得了抗敌的胜利却要遭受饥荒瘟疫等惩罚。所以,实行永续创造方略的组织实施的反击必须有度,要做到"善有果而已,不敢以取强"。

决定可以罢手或结束战争的"果"怎样衡量?分出胜负、敌方退兵停战或者敌方投降并赔偿损失等都可以根据实际情况成为选项。原则上能保住己方根本利益和发展进程不受损害即可。关键的是心态上要做到"果而勿矜,果而勿伐,果而勿骄,果而不得已,果而勿强",避免因敌方手段残暴而情绪失控或者因胜利而冲昏头脑。

对于如何看待反击所取得的胜利,老子的建议是应当"胜而不美",不要就此喜欢上打仗杀戮。他认为战争本身是件令人痛心或不得已的事,"夫兵者,不祥之器。物或恶之。故有道者不处"。好战杀戮一时可以得逞,但终将受到惩罚。兴兵开战并不吉利,有道者不做这样的事。当受到攻击而展开反击并取胜之后,切记"兵者不祥之器,非君子之器,不得已而用之,恬淡为上"和"胜而不美"。

如果不是这样"而美之者,是乐杀人",于是天平就开始偏离永续创造型组织的宗旨而从追求平和倒向逞强好战的一边了。不过要知道,基于"勇于敢则杀"的道理,"夫乐杀人者,则不可以得志于天下矣"。

所以,持有悲悯之心是个原则性立场问题。对此,老子借"吉事尚左,凶事尚右"的民俗惯例比喻说"君子居则贵左,用兵则贵右"。打仗时,"偏将军居左,上将军居右"。其中"上将军"是主将,所以其居右正好"言以丧礼处之",即说明战争本来就是按丧礼来对待的。

照此逻辑,"胜而不美"就有了以下两点具体形式:一是"杀人之众,以哀悲泣之";二是"战胜,以丧礼处之"。这些都不应看作是假慈悲或假惺惺的姿态或表演,而应成为克制好战情绪、恪守战争伦理的自觉行动。

附:本讲对应的《道德经》原文及其译文

27.1　勇于不敢
【原文】
勇于敢则杀,勇于不敢则活。
此两者或利或害。
天之所恶,孰知其故?
是以圣人犹难之。
天之道:不争而善胜;不言而善应;不召而自来;繟然而善谋。
天网恢恢,疏而不失。
(七十三章)

【译文】
胆大妄为则亡,勇于克制则活。
这两者有利有害。
大自然的憎恶,谁知道其理由?
这连有道者都难以明白。
大自然的选择是:不争而善于取胜;不说而善作反应;不请而自动到来;
坦然而善于谋略。
大自然的作用像网一样广大无边,虽然稀疏却不会缺失。

27.2　用人配天
【原文】
善为士者,不武;
善战者,不怒;

第二十七讲·应战外敌　249

善胜敌者,不与;
善用人者,为之下。
是谓不争之德;
是谓用人之力;
是谓配天;
古之极。
(六十八章)

【译文】
优秀士兵不好战;
善于打仗者不爱发怒;
善于克敌制胜者不主动争斗;
善于用人者低调待人。
这就是不争的德行;
这就是充分发挥人的潜力;
这就是符合客观规律;
这是自古至今有道者追求的极致。

27.3　为客退尺

【原文】
用兵有言:"吾不敢为主而为客,不敢进寸而退尺。"
是谓行无行,攘无臂,执无兵,乃无敌。
祸莫大于轻敌,轻敌几丧吾宝。
故抗兵相若,哀者胜矣。
(六十九章)

【译文】
兵家有一种说法:"我不敢为主而为客,不敢进寸而退尺。"
也就是说,行走不列阵,举臂不露出身外,手上也看不到兵器,才会无敌。
灾祸最大不过轻敌,轻敌势必丧失我的法宝。
所以,两军势均力敌时,哀兵必胜。

27.4 果而勿强

【原文】

以道佐人主者,不以兵强天下。

其事好还。

师之所处,荆棘生焉。

大军之后,必有凶年。

善有果而已,不敢以取强。

果而勿矜,果而勿伐,果而勿骄,果而不得已,果而勿强。

(三十章)

【译文】

以道辅佐君主者,不以拥有重兵而逞强天下。

逞强好胜很容易遭到报复。

大军驻扎之处,良田也会荆棘丛生。

大军撤离之后,必然会有糟糕年景。

恰当的做法是取胜就停止,不因眼前的优势而逞强。

取胜不骄的自夸,取胜只是不得已,切勿因此而逞强。

27.5 胜而不美

【原文】

夫兵者,不祥之器。

物或恶之。

故有道者不处。

君子居则贵左,用兵则贵右。

兵者不祥之器,非君子之器,不得已而用之,恬淡为上。

胜而不美。

而美之者,是乐杀人。

夫乐杀人者,则不可以得志于天下矣。

吉事尚左,凶事尚右。

偏将军居左,上将军居右,言以丧礼处之。

杀人之众,以哀悲泣之。

战胜,以丧礼处之。

(三十一章)

【译文】
　　杀戮是不祥的行为。
　　杀戮会随事物发展而受惩罚。
　　所以有道者不喜欢做这样的事。
　　君子安居以左为上,用兵则以右为贵。
　　用兵征伐是不祥的行动,而非君子的工具,不得已才加以运用,应以恬淡为原则。
　　胜利了也不要美化。
　　美化征伐,就是喜爱杀人。
　　那些喜爱杀人者,不可能得到天下。
　　吉事以左为上,凶事以右为上。
　　偏将军在左边,上将军在右边,就是说以丧礼来处理。
　　杀人众多,要为之悲哀地哭泣。
　　战胜,要以丧礼对待。

第七篇　面对逆境如何自处？

在参考帛书甲本和乙本基础上，对《道德经》通行本八十一章内容重新编排后的解读，到此已经没有缺漏没有重复地完成。一幅历变不衰的路线图已经清晰呈现。不知读后感受如何？相信相当一部分读者会被其美好愿景所吸引但对其目标实现感到无助。毕竟每个人只是社会肌体的一份子，一个人的力量很有限。关于这一点，老子也想到了。来看看他怎么说。

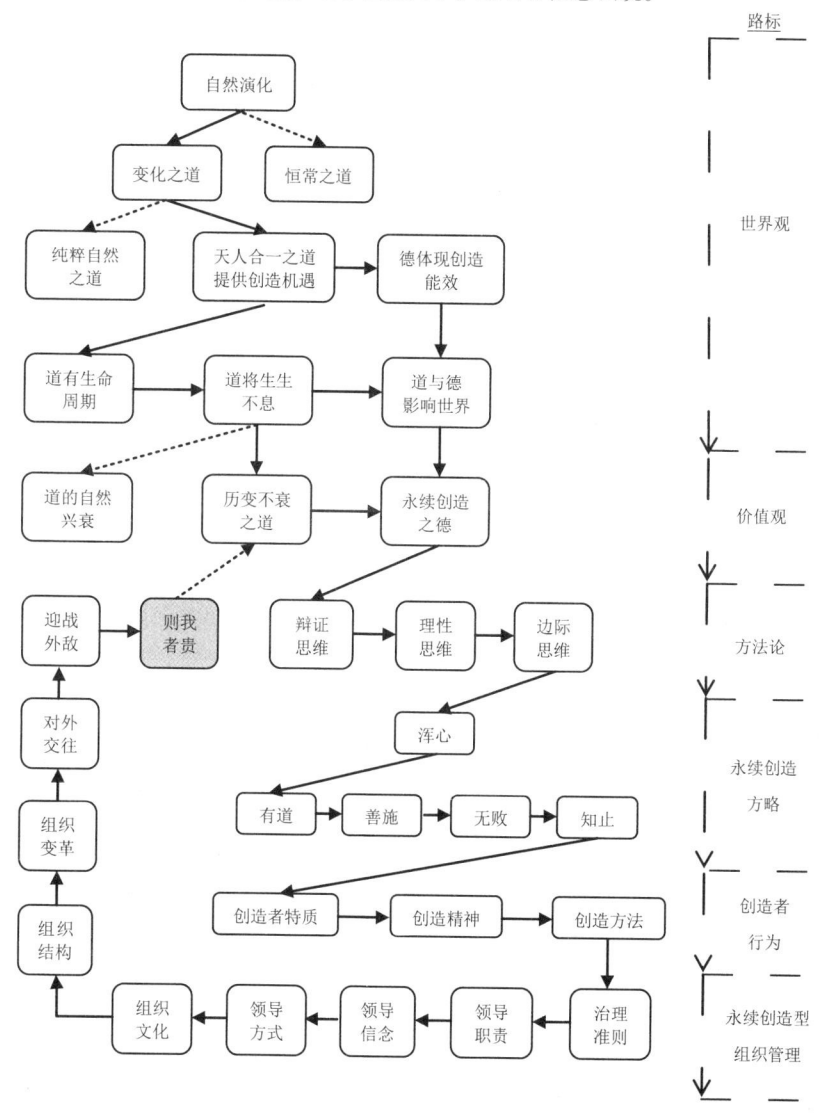

第二十八讲·则我者贵

经过前面的解读，可以发现《道德经》中追求历变不衰的永续创造学说不仅逻辑非常严谨，内容很完整，而且其核心思想和理论体系到现在不仅适用且仍是领先甚至是超前的。

老子怎样看待自己的理论及其后世的传播和应用呢？

"吾言甚易知，甚易行"表明老子自认为其理论不仅容易理解，而且也是可行的。但当他换位考虑让其他人来理解和实行时，就已经预想到后世的传播和应用将会遇到大问题。

在传播上，老子预言将出现"天下莫能知"。

为什么会这样？

老子认为原因主要在于人们已经形成的世界观和方法论与他的理论出发点不同。《道德经》的理论前提是道的更替生生不息，然而人们热衷于享受安稳的时光。"言有宗，事有君"，每个人都有自己的主见，所以很容易以为自己什么都懂，从而排斥新的东西。在稳定环境当中沉浸久了，当然也难以适应动荡环境的思维。

要理解《道德经》的本意，关键在于做到"无知"即清空既有成见，才能不以我已经很懂为由产生排斥。这就是"夫唯无知，是以不我知"的意思。这么高的要求，当然不能指望每个组织及其领导者都能理解老子讲的道理并愿意接受他提出的价值观和方法论。

当然，实际上老子的理论涉及自然演化和组织方略等高深的哲学和管理问题。真的没那么容易懂。没有一定的文化

> 吾言甚易知，甚易行。天下莫能知，莫能行。言有宗，事有君。夫唯无知，是以不我知。知我者希，则我者贵。是以圣人被褐而怀玉。（七十章）

基础和实践体验,很难领悟其简单而晦涩词句背后的深邃内涵。而等到具备能够读懂的条件,又已经形成既有而难以"无知"的世界观、价值观和方法论。因而,《道德经》传播的实际效果是原文得到了广泛传播,但其真实意思真的就如老子所预想到的那样,多少年以来天下"莫能知"。

在应用上,老子预言将面临天下"莫能行"。

为何不能实行?

除了不能准确理解以外,组织及其领导者所持的价值观不同也阻碍了其接受永续创造方略并加以实践。如果按照美国学者根据战略行为取向划分的探索者、分析者、防守者和被动者四种类型来看,老子追求历变不衰的永续创造方略是为探索者精心准备的系统化理论纲要与行动指南。

四种类型组织中,探索者的特点是积极寻找全新的发展机遇;防守者试图守护其既有地位不受削弱;分析者则居于探索者和防守者之间,在保护现有地位的同时也伺机跟上新的发展机会,从而比较周密地做到趋利避害;被动者则没有明确的战略意识,往往等到问题严重时才做出缓慢的反应。

在上述四种不同类型的组织中,被动者和防守者在世界观上不认为道的生命周期有限且会不断更替或者不愿意接受历变不衰的挑战。特别是被动者更是抱着得过且过的心态,从而会像老子说到的"下士"那样"闻道,大笑之";分析者虽然认同道不断演化更替的客观性,但由于要兼顾两端,不会那么积极全身心地去尝试发现前所未有的机遇。遇到潜在的机遇,一般会做谨慎的评估,许多仍处"惚恍"的机遇会选择放弃,既有的地位不到迫不得已也不愿主动割舍。所以分析者在价值观上仍未彻底接受"不欲盈"的信念,因而比较接近"中士闻道,若存若亡"的情形;只有那些坚定的探索者才会像"上士"一样"闻道,勤而行之"。

所以,当探索者不能为社会所容忍和鼓励以至探索者成为稀有"物种"时,永续创造方略自然难以付诸实践。即使是在当今竞争激烈、经营环境瞬息万变的时代,也不是每个国家、每个企业都愿意花费巨额资金和承受巨大风险去不断探索新的发展机遇,反而是投机和模仿者更为多见。

不过,一个国家如果缺乏了探索者群体的带动,其经济和社会即使一时获得快速发展也势必会遭受盛极必衰的诅咒而陷于长期的不景气之中;一个企业如果没有了探索的勇气和动力,就不可能成为行业发展的领跑者。所以,当前景不明时,不要指望谁来把自己带出迷局。

预测未来的最好方式莫如去把美好的未来亲手创造出来。

因而,尽管"知我者希",但重要的是"则我者贵"。

然而,对于有志于担当探索者角色的创造型人才和永续创造型组织的领导人来说,在一个不受重视甚至受到严重压制的社会中该如何自处?

老子建议说,"是以圣人被褐而怀玉"。其中,"被褐"形容衣着寒酸,生活落魄,得不到社会理解和认可。"怀玉"形容怀抱一颗追求玄德至善之心。也就是说,真正的有道者即使不受重视也应始终怀揣玉石般珍贵的好奇之心和创造之志,在逆境中也要锲而不舍地努力发现机遇施展自己"有余以奉天下"的抱负。

附:本讲对应的《道德经》原文及其译文

28.1 被褐怀玉

【原文】

吾言甚易知,甚易行。
天下莫能知,莫能行。
言有宗,事有君。
夫唯无知,是以不我知。
知我者希,则我者贵。
是以圣人被褐而怀玉。

(七十章)

【译文】

我的话非常好理解,也很好实行。

但天下无人能理解,无人能实行。

说话要有根据,做事需要主见。

只有虚心,才能不固执己见。

理解我的人稀少,效法我的人难能可贵。

所以有道之士身披粗麻短衣而胸怀创造之志。

后 记

千百年来，各种注释和解读《道德经》的文献之多可以说是汗牛充栋。近年来随着国学热的出现，相关的书刊可以用大有井喷之势来形容。传统上，有关《道德经》的研究一般是文史哲学者的学术研究领域，与我没有什么关系。我本人的研究兴趣集中在商务（业）模式创新和企业战略管理理论与方法上，没有想到有一天会涉足《道德经》这部中华经典名著的研究。

但是一次偶然的见闻激起了我对《道德经》的好奇。电视上有专家评论说《道德经》的基本思想是消极甚至是颓废的。随即查阅了一下资料，知道这的确是主流的观点。不解的是，这与我脑海里的印象存在很大反差。

早年攻读硕士学位时，曾读过一本名为《GEB——一条永恒的金带》的译著。里面介绍的哥德尔定理给我留下了很深的印象。这个定理通俗地说，就是一个逻辑体系如果能够自圆其说，一定是排除了什么因素从而不能包容一切情形；反之，如果一个逻辑体系要包容一切，其内部一定存在着自我矛盾现象。这个定理的贡献在于，它在把科学上通过完全公理化而毕其功于一役的幻想加以终结的同时，又为永无止境地追求新知提供了否定之否定的不断进步的动力。

到后来听到"道可道，非常道"的第一反应，就是它与哥德尔定理相通。如果把逻辑体系看作"道"，一个能自圆其说的逻辑体系就是一个"可道"的"道"；能够包容新的实质性条件变化且保持自圆其说的"道"即"常道"。当"道"发展到能够清晰地加以言说时，它一定不是能适应新情况的"常道"。所以，"可道""常道"与能自圆其说且包容一切条件的逻辑体系一样都是不存在的。所以,哥德尔定理可以看作是"道可道,非常道"的一个数学证明。

在我看来,"道可道,非常道"和哥德尔定理都蕴含着最为积极的哲学思想。

可是为什么那么多权威都说《道德经》提倡消极无为呢?于是我花了一段时间把《道德经》做了反复通篇研读。在以我熟悉的创新思路尝试去连接各段内容之后,竟然发现《道德经》是一部追求历变不衰的国家或企业组织开展创造性战略思考和行动的指南。它的思想不仅不消极,反而因主张永续创造最具积极进取性;它的内容不仅不是像一些学者所说逻辑混乱,反而是逻辑严密得不可思议;它对哲学甚至科学的贡献不仅体现在系统的辩证思维上,而且还体现在理性思维和边际分析等方面都做了贯穿始终的运用。

有了这样一整套思维方法的指引就可以理解,"无为"的真正意思是弃旧图新;"为无为,事无事,味无味"是开展创造性思考所需要的去除思维定式要求;"不尚贤"是不树立不可超越的权威;"常使民无知无欲"则是要引导民众不断将既有知识归零,以孩童的心态接受新事物而不计较眼前得失。于是,那些原来被认为消极负面的思想竟然统统构成积极创造开拓的永续过程的题中应有之义。如果用最简练的语言加以概括,《道德经》的核心思想就是"抱一"但"不欲盈",也就是对探寻到的每一次机会都积极追求聚和但不求满而适时弃旧图新。

在反复质疑为何会得出如此截然不同的结果之后,还是确认了上述发现的依据充分。为了说服自己,我把《道德经》比喻成一面哈哈镜。虽然这个比喻不够严谨,但大致能够反映其中的道理。从不同的角度看过去,哈哈镜中出现的图像都是不一样的。如果哈哈镜可折射出的某一个图像最微妙难得然而又最让人赏心悦目,那么对应的这个角度就最有可能符合原作者创作的出发点或构思布局。类似地,也可将之想象成一个迷宫。而正是由于我本人从事了十余年有关管理创新的理论和方法研究，不经意地踩到了这个观测点，从而偶然发现走出迷宫的通途，领悟到了其中让人不禁拍案叫绝的奥秘。

《道德经》为什么会写得像哈哈镜一样容易曲解或像迷宫一样难解，我不得而知，但当时感到为难的是要不要加入《道德经》的注释解读大军，把自己观察到的逻辑线索和主题思想既详细又通俗地呈现给读者。为此，我先将研究成果写成一篇长篇论文在当年的全国高校战略管理研讨会上介绍并引起参会学者的浓厚兴趣。这篇文章后来受邀发表在《管理学家》杂志上。受此鼓励，加上考虑到《道德经》的深刻思想对所从事研究的重要启示以及对当今社会发展的现实指导意义，在夫人的大力支持下还是决定完成这项工作。

《道德经》原分八十一章。通行本的前三十七章为道经，后四十四章为德经。长沙马王堆汉墓出土的帛书则将德经放到了前面，后面才是道经。为了把《道德经》整个理论体系的逻辑线索完整通畅地展现出来，形成比较强的可读性，并且便于从当代的尺度衡量其对人类文明的贡献，本书不得不把原著各章内容重新编排到二十八讲中。这二十八讲分布在世界观、价值观、方法论、永续创造方略、创造者行为、永续创造型组织管理和结束语等七篇里。重编后的原文后面提供译文，对应着各讲正文重点进行的理论逻辑梳理和难点解读。其中，很多地方只有运用到今天都还属于很专业的知识才能解释得通，很多见解甚至直到最近几年才有对应的正式概念提出。令人惊奇的是，这样做的结果真的可以帮助读者领略到仅用五千余字编织出来的理论架构是多么的宏大、精巧和超前，领悟到其中历变不衰目标的高远和永续创造方略的深邃。

最后解释一下书名。"道德经大发现"是想强调这些领悟是原书本来就有的真实意思。就像所谓的"地理大发现"一样。在哥伦布到达新大陆之前，印第安人就世代居住在那里，"地理大发现"改变的只是欧洲人原来的地理知识。同样，发现于《道德经》的一整套至今仍熠熠生辉的思想原本就是老子

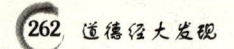

在2 500多年以前想让人们了解的内容,只是"天下莫能知"而已。

愿读者能知能行。

作　者

2010年3月初稿

2010年7月定稿

2016年2月修订稿